말투 디자인

말투 디자인

초판 1쇄 인쇄 2018년 11월 25일
초판 1쇄 발행 2018년 11월 30일

지은이 박혜수
펴낸이 인창수
펴낸곳 태인문화사
디자인 플러스
신고번호 제10-962호(1994년 4월 12일)
주소 서울시 마포구 독막로 28길 34
전화 02-704-5736
팩스 02-324-5736
이메일 taeinbooks@naver.com

ISBN 978-89-85817-67-7 03190

이 도서의 국립중앙도서관 출판예정도서목록(CIP)은 서지정보유통지원시스템 홈페이지(http://seoji.nl.go.kr)와 국가자료공동목록시스템(http://www.nl.go.kr/kolisnet)에서 이용하실 수 있습니다.
(CIP제어번호: CIP2018036372)

박혜수 지음

말투 디자인

프롤로그

말을 못하는 것이 문제가 아니라 말투가 문제이다

인간은 원하든 원치 않든 간에 수많은 관계 속에서 서로 소통하며 살아간다. 말을 통해 사람들과 연결되고, 그로부터 삶의 희로애락을 느낀다. 인생에 있어 성공과 행복은 인간관계에서 비롯된다고 해도 과언이 아니다. 그러나 우리는 말을 어떻게 전달하느냐에 따라 상대방과 예기치 않는 갈등을 빚다 보니 사소한 문제도 결국 감정싸움으로 번지게 된다.

말투는 감정의 언어이다. 논리나 내용보다는 찰나의 순간에 느끼는 감정에 따라 판단하고, 행동한다. 특별한 관계가 아니더라도 왠지 모르게 호감이 가는 사람, 끌리는 사람이 있는 것 또한 이런 논리가 작용한 것이다. 결국, 사람과의 관계는 뉘앙스 차이로 결정된다는 것이다.

나는 이 책을 통해 여러분들에게 긍정적인 뉘앙스를 풍기는 말투 기술을 다방면으로 알려준다. 그래서 이 책을 거쳐 간 사람들은 일과 사람, 인간관계 등의 모든 면에서 스카우트하고 싶은 사람 1위로 거듭나게 할 것이다.

긍정적인 뉘앙스를 풍기는 방법이 거창할 것 같지만 사실 굉장히 단순하다. 예를 들어 “색깔은 예쁜데, 무늬가 별로네요”라는 말을 해보자. 그리고 이 말을 “무늬는 별론데, 색깔은 예 쁘네요”라고 앞뒤 순서를 바꿔 말해보자. 말의 앞뒤 순서만 바뀌어도 전달되는 뉘앙스가 완전히 달라짐을 알 수 있다. 앞의 문장은 부정적인 느낌을 주지만, 뒤의 문장은 부정적인 뜻이 있음에도 불구하고 긍정적인 의미로 받아들여진다. 이렇게 ‘호감형 인간’으로 바뀌는 말투 기술을 익히고, 일상생활에 적용한다면, 당신은 왠지 모르게 끌리는 사람이 될 것이다.

말투의 기술을 배우기에 앞서 명심해야 될 것이 하나 있다. ‘말’을 만드는 근본은 인격이라는 것이다. 말을 내뱉기 전에 상대의 말을 어떻게 받아들일지, 또는 어떤 말을 꺼내야 할지의 여부를 결정하는 요소는 내면, 즉 ‘인격’이다. 말투만 고치는 것은 비가 새는 지붕 위에 비닐을 덮어두는 것과 같다. 그 순간에는 비가 새는 것을 막을 수 있겠지만 근본적인 문제를 해결해주지는 않는다. 말도 똑같다. 분명 언젠가는 말로 인해 그 사람의 인격이 들통 나고 만다.

그래서 이 책은 말투를 바꾸기 전에 말을 결정짓는 근본적인 원인을 우선적으로 다루었다. 그런 다음 긍정 말투, 호감 말투, 성공 말투, 영업 말투 등의 다양한 말투 기술을 다루었다. 여러분들이 습득한 긍정 말투, 호감 말투, 성공 말투, 영업 말투 등을 구사할 때, 그 말투가 자신의 옷을 입은 것처럼 완전히 체화될 수 있도록 해주기 위함이다.

그러나 말투 기술을 꽤나 많이 제시해두었기 때문에 이 모든 기법을 한꺼번에 익히거나 사용할 수는 없다. 제일 중요한 것은 한두 가지의 말투를 정확하게 이해하고, 체화시키는 것이다. 자신의 대화 습관 중에서 가장 문제가 되고 있는 말투부터 하나씩 바꾸어 나가도록 해야 한다. 미국의 자동차 회사 '포드'를 설립하고, 조립 라인방식을 개발한 헨리포드Henry Ford는 이런 말을 남겼다. "나눠서 한다면 어려운 일은 없다."

나는 이 책이 여러분에게 오랫동안 머물러 있었으면 좋겠다. 시간과 장소에 상관없이 언제 어디서든 지금 필요한 정보를 얻기 위해 펼쳐보는 항상 곁에 두고 싶은 책으로 말이다.

끝으로 나의 주변 사람들에게 감사함을 전하고 싶다. 항상 나를 아껴주고, 사랑해주는 남편과 귀엽고 사랑스러운 두 아들 덕분에 하루하루가 행복하다. 곁에 있어주는 것만으로 고맙고, 감사한 일이다. 또 이 책을 쓰는 동안 옆에서 항상 응원해주고, 믿어주고, 많은 도움을 주신 친정 부모님과 동생들 그리고 시댁 식구들에게 이 책을 통해 감사하다는 말을 전하고 싶다. 이 밖에도 지금까지 우정을 계속 이어오고 있는 친한 친구들에게도 감사하고, 곁에 있어줘서 고맙다는 말을 전한다.

2018년 10월

박혜수

C O N T E N T S 차례

2부 뱉을 말을 정해주는 내면 다듬기

3부 인간관계를 부드럽게 하는 말투

4부 삶과 일이 술술 풀리는 말투

5부 분노를 잠재우는 말투

1부

말의 영향력

그 사람의 인격은 그가 나누는 대화를 통해 알 수 있다.

-메난드로스

말투는 그 사람의 인격이다

과학기술이 발달하고, 미디어가 빠르게 확산하면서 인간과 인간 사이의 소통은 더욱 절실해졌다. 우리는 스마트폰을 통해 언제 어디서든 다양한 방법으로 사람들과 소통하고 있다. 무료 메신저 서비스인 카카오톡이 등장하면서 국적을 불문하고 그룹채팅과 1:1 채팅, 그리고 화상통화까지 자유롭게 할 수 있게 되었다.

이뿐만 아니다. 페이스북, 인스타그램과 같은 소셜 네트워크 서비스SNS도 큰 인기를 끌고 있다. 다양한 콘텐츠를 게시하여 '좋아요'나 댓글을 통해 서로 생각들을 공유하며 사람들과의 소통을 끊임없이 이어가고 있다. 최근에는 인터넷상에서 음성이나 동영상 등을 실시간으로 재생하는 스트리밍이 등장했다. 이것을 제공하는 아프리카TV, 유튜브 라이브 방송 등이 등장하면서 시·공간을 뛰어넘는 소통이 가능해졌다. 나는 이러한 현상을 보고 '인간이 존재하는 한, 말은 끊임없이 생산될 것'이라고 해석한다.

평생의 경험

아리스토텔레스Aristoreles는 '인간은 사회적 동물이다'라고 말했다. 인간은 혼자서 살 순 없다. 우리는 다른 사람들과 다양한 관계를 맺고, 더 나아가 가족이라는 공동체를 이루고 살아가면서 그 속에서 말을 통해 서로에게 영향을 미친다.

고대 그리스의 신희극 작가인 메난드로스Menandros는 "그 사람의 인격은 그가 나누는 대화를 통해 알 수 있다"라고 말했다. 우리는 생각을 하고, 그 생각을 말로 표현한다. 생각은 내면에서 나오는 것으로 그 사람의 경험, 가치관, 도덕관념, 사고방식 등 복합적인 것들이 고스란히 담겨져 있다. 이것을 우리는 인격, 즉 사람의 성격을 뜻하며 자신의 인격은 본인의 말을 통해 드러난다.

지인과 함께 길을 가다가 몸집이 커다란 개 한 마리를 보았다고 하자. 만약 당신이 어릴 때 강아지에게 크게 물리거나 발톱에 긁혀 아팠던 경험이 있다면 당신은 개를 무서워할 것이고, 통제가 불가능한 존재라고 생각할 것이다. 또 '개는 무섭고 가까이하면 위험하다'라는 가치관이 형성될 것이다. 그러다 보니 당신은 그 개를 보고 지인들에게 "저기 개가 있으니 다른 길로 가요. 저는 개를 무서워해요." 하고 말할 것이다. 이렇게 내 뱉은 말 한 마디에는 그 사람이 그 말을 뱉기까지의 경험이 들어 있고, 그 과정에서 형성되어 있는 가치관이 들어 있는 것이다.

사람들은 흔히들 말이 입으로 나오는 순간 허공에서 사라지는 것이라고 착각한다. 말은 눈에 보이지 않고, 남겨지는 것도 아니니 이런 착각을 할 만하다. 그러나 이것은 잘못된 생각이다. 말은 입으로 하는 것이 아니다. 입은 단순히 말이 세상에 나올 수 있도록 내뱉어주는 의사전달의 수단일 뿐이다. 즉, 말의 본질이 될 수 없다는 뜻이다. 말이란 것은 살면서 보고, 듣고, 느끼는 모든 것들이 서로 엉겨붙어 오랫동안 숙성되어 있는 하나의 집합체이다. 이는 돌탑을 쌓는 과정과 비슷하다고 보면 된다. 매일 하나씩 하나씩 공들여 쌓아올린 경험에서 비롯된 것이고, 그렇게 만들어진 돌탑이 내면을 거쳐 나오는 말과 비슷하다. 결국 그 사람이 내뱉는 말은 그 사람의 인격이며, 평생의 경험이다.

못난 인격

세상에 존재하는 모든 사람들은 똑같지 않다. 얼굴, 목소리, 지문 등이 서로 똑같은 사람은 없다. 이렇게 겉으로 보이는 것도 어느 하나 같은 것이 없는데 인격이라고 비슷할 리가 있겠는가? 세상에 똑같은 내면을 가진 사람들은 단 한 명도 없다. 그러나 그 인격을 두 가지로 분류는 할 수 있다. 사람들을 끌어들이는 인격과 사람들이 피하는 인격이다.

우리는 대화를 통해 그 사람의 인격을 짐작할 수 있다. 우리는 어떤 업무를 해결하는 과정에서 모르는 누군가와 원하든 원하지 않든 간에 대화를 해야 한다. 예를 들어, 건강검진을 받기 위해 예약을 할 때는 전화접수나 방문접수를 통해 모르는 누군가와 짧은 대화를 한다. 카페에서 음료를 주문할 때도 단 한 번 본 적 없는 직원과 짧은 대화를 한다. 인터넷으로 물건을 주문했을 때에도 택배를 받기 위해 얼굴도 모르는 택배원과 잠깐의 대화를 나눈다. 1분도 채 되지 않는 대화를 하면서 우리는 상대방이 어떤 인격을 가진 사람인지 짐작할 수 있다. 이렇게 모든 사람의 인격은 제각각이다. 그중에는 남을 배려할 줄 모르고 자신만 생각하는 '못난 인격' 을 가진 사람들도 있다. 이 잠깐의 대화가 원활하면 좋겠지만, 못난 인격이 형성되어 있는 상대와의 대화는 몇 초 만에 불화를 불러일으킨다.

몇 달 전의 일이었다. 택배기사님께서 택배가 도착했다며 대문을 두드렸다. "잠시만요." 하고는 몇 초 후에 나갔는데, 기사님께서는 벌써 택배 트럭에 타고 계셨다. 그러고는 집 주소를 부르더니 바닥에 택배물을 떨어뜨리 듯 두고 쌩하니 가버렸다. 그 상황이 너무 황당해 기사님께 전화를 하니 '바빠서 그랬다.', '던지지는 않았다.' 등 이런저런 변명만 늘어놓을 뿐이었다. 잘못된 행동에 대한 사과를 했으면 좋겠다고 말하니까 "거참, 별 것도 아닌데 그러네. 미안해요. 됐죠?" 하며 오히려 적반하장으로 나오는 게 아닌가.

나는 "기사님의 태도가 상당히 기분 나쁘네요. 이렇게 무례하게 일처리를 하시는 거 회사 담당자에게 알리겠습니다." 하고 말했으나 기사님은 끝까지 자신의 잘못을 인정하지 않고 "알아서 하세요. 저는 사과했으니까 잘못 없습니다." 하고 말하며 전화를 뚝 끊으셨다. 결국 나는 기사님과 실랑이를 벌이느라 소중한 20분을 날렸을 뿐만 아니라 감정쓰레기통이 된 기분이었다.

상대방의 시간과 감정을 뺏는 것은 아무리 많은 돈을 준다고 한들 보상되지 않는다. 그러나 못난 인격을 가진 사람은 그 잘못을 인정하지 않고 떳떳하고 뻔뻔하다. 용서를 빌어도 모자랄 판에 오히려 잘못을 숨기고, 아무 일도 없었던 것처럼 행동한다. 세상에는 '못난 인격'을 가진 사람이 존재하고 이 사람들 때문에 '바른 인격'을 가진 사람들은 울화통이 터진다.

그 사람의 사정

자신이 내뱉는 말은 스스로 자신의 인격을 드러낸다. 자신의 인격과 상대방의 인격을 동등하게 여기고 존중해주는 사람은 어딜 가나 성공하게 되어 있다.

요즘 MBC에서 방영하고 있는 예능 '전지적 참견 시점'으로 방송인 이영자 씨가 제 2의 전성기를 맞고 있다. 이에 따라 과거 SBS '힐링캠프'에 홍진경 씨가 출연하여 이영자 씨에 대한 미담을 이야기한 것이 재조명되고 있다. 이 두 사람은 1994년 SBS에서 방송했던 '영자의 전성시대' MC를 맡으며 인연이 시작되었다. 이후 20년이라는 세월이 지났지만, 지금까지도 각별한 사이를 유지하고 있다고 한다.

1995년, 홍진경 씨는 당시 KBS2 시트콤 '금촌댁네 사람들'에 출연하고 있었는데, 매니저 하나 없이 혼자서 힘들게 방송을 하고 있었다고 한다. 이영자 씨는 안타까운 마음에 그녀에게 "보아하니 힘들게 혼자 방송하고 있는 것 같은데, 내가 너 매니저 해줄게." 하고 제안했다. 그녀는 홍진경 씨의 매니저 역할을 하면서 일당을 한 푼도 받지 않았고, 모든 경비는 자신의 사비로 충당했다고 한다.

뿐만 아니라 본인의 출연료를 낮추는 조건으로 홍진경 씨의 출연료를 높이려 했고, 섭외를 위해 PD에게 무릎을 꿇은 적도 있다고 말했다. 당시 이영자 씨는 톱스타였는데, 출연료 배분에 있어서도 모두 동일하게 나누었다고 전했다. 그녀의 도움을 받은 홍진경 씨는 〈무한도전〉, 〈언니들의 슬램덩크〉 등에 출연해 큰 웃음과 감동을 주며 계속해서 성장했다. 더욱이나 김치, 만두, 죽, 된장 등 종합식품을 판매하는 주식회사 홍진경을 설립해 성공한 CEO로 자리 잡았다.

인간의 욕심은 끝이 없기 때문에 톱스타 자리에 오르면, 인기를 계속 지켜야 하는 불안감이 생겨 더 욕심을 부리고, 자신이 더 돋보이기 위해 치열한 경쟁을 하려고 한다. 그러나 이영자 씨는 달랐다. 본인이 인기를 얻고 있는 만큼 자신의 주변 사람들에게도 그만큼 베풀었고, 어려움을 겪고 있는 사람을 그냥 지나치지 않았다. 상대를 대할 때 자신이 어떻게 하면 도움을 줄 수 있을지에 대해 초점을 맞추어 생각했다. 위로 차 그냥 하는 말이 아니라 도움이 되고자 하는 간절한 마음에서 나온 말이다. 그녀는 자신의 작은 배려와 친절이 상대방에게는 생계유지와 연관되고, 남은 인생까지도 바꾸어줄 수 있다는 것을 잘 알고 있다.

사람은 언제, 어느 때에 무엇이 될지 모른다. 현재 그 사람의 모습이 한심해보여도 사실 그는 우리에게 보이는 것과 달리 나름대로 살아갈 방법을 찾고 있는 중이다. 우리는 그 사람의 모든 내면을 알 수 없기 때문에 어떤 사정이 있는지 온전히 이해하지 못한다. 단지 그 사람을 보면서 내가 살아온 방식으로 상대를 바라보고 평가할 뿐이다.

우리는 이영자 씨처럼 자신을 희생하면서까지 남에게 베풀지는 못하더라도 상대를 바라보는 관점을 바꾸는 것만으로도 좋은 사람이 될 수 있다. 내 머릿속으로는 도저히 이해가 되지 않는 사람이 있다면, 그 사람의 행동을 비난하고, 지적하려고 달려들기보다는 그 사람의 존재 자체를 존중해주자. '그 사람도 사정이 있겠지.' 하며 아무런 평가 없이 딱 그 정도의 생각이면 충분하다.

칭찬하면
불가능도
가능케 된다

응원 한 마디

YTN 뉴스채널에서 방송된 한 영상을 보고 감동을 받은 적이 있다.

일본의 한 초등학교에서 10단 뜀틀넘기에 도전하는 소년의 모습이 나온다. 자신의 키보다 더 높은 뜀틀을 넘어야 하는 상황이었다. 아이는 있는 힘을 다해 힘껏 뛰어올랐지만 뜀틀이 너무 높아 가슴높이 밖에 닿지 못했다. 두 번째, 세 번째 시도를 했지만, 뜀틀을 넘지 못했다. 속상한 마음에 급기야 눈물을 흘리는 모습을 보였다. 관중의 응원소리는 점점 커졌고, 이에 힘입어 포기하지 않고 다시 도전했지만, 안타깝게도 네 번째 도전에서도 실패를 했다.

그때 이를 지켜보던 같은 반 친구들이 속상해 하는 친구를 둘러쌌다. 서로 어깨를 두르고 원을 만들어 한마음 한뜻으로 힘차게 응원을 해주었다. 친구들의 응원을 받은 아이는 다시 있는 힘껏 뛰어올라 다섯 번째 도전으로 뜀틀넘기에 성공을 했다. 그 광경을 지켜보던 사람들의 큰 박수소리를 들으며 내 마음도 찡했던 기억이 난다.

응원의 말 한 마디를 하는 순간은 비록 몇 초에 불과한 아주 짧은 시간이지만, 파급효과는 실로 엄청나다. 이 한 마디에 잃었던 용기와 자신감이 회복되면서 상승 에너지를 받아 승리를 향해 내달리게 된다. 스포츠 대회 현장에 가보면 늘 응원단이 있는 이유도 이러한 효과 때문이다. 선수들의 실력도 중요하지만, 그 순간 본인이 얼마나 최고치의 실력을 발휘할 수 있느냐가 그날의 승패를 좌우한다.

현재 천안 현대캐피탈 스카이워커스 소속인 최태웅 감독은 "여기 있는 모든 사람들이 다 너희를 응원하고 있는 거야. 그 힘을 받아서 한 번 뒤집어 봐! 이길 수 있어!"라는 명언을 남겼다. 경기 중에 감독이 해주는 말 한 마디는 경기 중에 생긴 두려움의 싹을 잘라준다. 그리고 숨어버린 용기를 끄집어내어 선수들의 멘탈을 다시 한 번 잡아준다. 결과가 어떻게 되었든 간에 선수들은 의욕을 불태우고, 다시 일어설 힘을 얻는다.

신체장애를 극복한 자랑스러운 영국인에게 주어지는 최고상인 '프랑크 상'이 있다고 한다. 런던 심포니 오케스트라의 비올라 연주자 엘리자베스 바를로Elizabeth Barlo가 바로 이 상의 주인공이다. 그녀는 16세에 완전히 청력을 잃었다. 음악가가 되고 싶었던 바를로는 '꿈과 희망을 모두 잃었다'며 좌절감에 빠져 있었다. 이때, 어머니는 그녀에게 이런 말을 해주었다.

"네가 비록 청력을 잃었지만 아직 시력은 남아 있단다. 그러니 사람의 입술을 보고 말뜻을 파악하는 독순술讀脣術을 익힌다면 네가 하고 싶은 음악을 계속할 수 있단다."

어머니의 말에 힘을 얻은 바를로는 완벽하게 독순술을 갖추었고, 비올라 연주도 계속 할 수 있게 되었다. 그후, 그녀는 영국 최고의 비올라 연주자가 되었다.

어머니의 격려하는 말 한 마디가 그녀의 인생을 바꾸었다. 어머니는 잃은 것을 생각하기보다 현재 내가 가지고 있는 것을 찾아 감사하고, 이를 활용해 다시 일어설 수 있는 방법을 알려주었다. 만약 그녀의 어머니가 좌절감에 빠져있던 바를로에게 "불쌍한 우리 딸. 청력을 잃었으니 이제 세상을 어떻게 살아가야 할지 모르겠구나"라며 한숨을 푹 쉬며 걱정만 하고 있었다면, 바를로는 '나는 불쌍한 존재다'라고 스스로 한계를 지으며 불행한 삶을 살아갔을지도 모른다.

라벨 효과

만약 누군가가 나에게 "너는 평소에 청소를 잘하네. 너의 주변은 늘 쓰레기 하나 없이 깨끗하다"라고 말했다면, 당신은 그 사람이 보일 때마다 의식적으로 자신의 주변이 깨끗한지 아닌지 확인할 것이다. 주위가 지저분하면 얼른 치울 것이고, 깨끗하다면 청소를 하고 있는 모습이라도 보이려 할 것이다. 혹시 본인은 스스로 청소를 잘하는 사람이 아니라고 생각하거나 실제로 주변이 엉망이라도 신경을 안 쓰는데, 우연찮게 그 사람이 보일 때만 주변이 깨끗했을 수도 있다.

그러나 이러한 사실은 중요하지 않다. 그 사람은 나를 청소 잘하는 사람으로 기억할 것이고, 그 기대에 부응하기 위해 그 순간에는 청소를 잘하는 사람이 되는 것이다. 따라서 상대에게 "당신은 마음이 넓군요.", "당신은 친절한 사람이군요." 하고 칭찬하면 상대는 실제로 그런 사람이 된다. 이를 심리학에서는 '라벨 효과Label effect' 또는 '레테르 효과Latter effect'라고도 한다. 이렇게 상대방에게 라벨을 붙여주면 사람들은 그 라벨대로 행동하려고 한다.

노스웨스턴대학교의 리처드 밀러Richard Miller 교수는 재미있는 실험을 했다. 시카고에 위치한 공립 초등학교를 대상으로 몇 개의 학급의 학생들에게 '너희 모두는 깔끔하다'라는 라벨을 붙여주었다. 그러자 82퍼센트 이상의 학생들이 쓰레기를 발견하면 주워 휴지통에 버리기 시작했다. 그러나 어떠한 라벨도 붙이지 않은 학급의 학생들은 약 27퍼센트만이 쓰레기를 주웠다고 한다. 이처럼 상대방에게 "당신은 ㅇㅇ한 사람입니다"라고 특정한 존재를 규정해주면 상대는 실제로도 그런 사람이 된다는 사실을 이 실험에서 알 수 있다.

독일의 대표적인 실존철학자인 마르틴 하이데거Martin Heidegger는 '언어는 존재의 집'이라고 말했다. 자신이 하는 말을 통해 자신의 존재를 규정한다. 그리고 상대방의 존재를 특정 짓는 것이기도 하다. 2001년 영국의 〈파이낸셜 타임즈〉에서 '세계에서 가장 존경받는 경영인'으로 선정된 잭 웰치John Frances Welch Jr는 어머니의 칭찬과 격려가 있었기에 그 자리에 오를 수 있었다고 말했다.

잭 웰치는 세계 최고의 기업 제너럴일렉트릭(GE)의 최연소 최고경영자이다. 그는 과거 120억 달러에 불과했던 GE사를 4천 5백억 달러 규모로 성장시키고, 1,700여 건의 기업 인수합병을 성사시켜 '세기의 경영인'이라 불리운다. 이렇게 위대한 인물도 어린 시절에는 말더듬이에 대인기피증을 앓았다. 잭 웰치의 어머니 그레이스는 아들이 말을 더듬을 때마다 "그건 네가 두뇌회전이 빠르기 때문이야. 어느 누구의 혀도 너의 그 똑똑한 머리를 따라갈 순 없을 거야. 넌 똑똑한 아이야." 하고 말했다. 어머니는 믿음을 가지고 끝까지 아들에게 '너는 똑똑한 아이'라고 존재를 특정지어 주었다. 잭 웰치는 저서 《끝없는 도전과 용기》에서 이와 같이 말했다.

"사실 나는 수 년 동안 내가 말을 더듬는다는 것을 전혀 깨닫지 못했다. 나는 어머니의 말을 아무런 의심 없이 그대로 믿었다. 단지 머리가 입보다 훨씬 더 빨리 움직이기 때문이라는 어머니 말을…."

아이는 주어진 상황이 좋은지 나쁜지에 대해 스스로 판단할 줄 모른다. 아이들은 어른들을 통해 세상을 바라보고, 사람과 어떻게 소통해야 하는지에 대해 배운다. 뿐만 아니라 사회 속에서 사람들은 '나'라는 존재를 어떻게 평가하는지 알게 된다. '나는 장애가 있어서 말더듬이구나.' 또는 '나는 너무 똑똑해서 말이 따라오지 못하는구나.' 하고 그대로 받아들인다. 스스로 옳고 그름을 구분하지 못하고, 하나의 규범으로 여긴다는 뜻이다. 말 한 마디의 영향은 실로 크다. 내가 하는 말들이 누군가의 내면 안에 들어가 영원히 살아가고 있다는 사실을 알게 된다면, 그 어떤 말도 쉽게 내뱉을 수 없다.

지금의 내 모습은 말투가 만들어 낸 결과물이다

우리는 평소에 "짜증나", "힘들어", "죽을 것 같아"라는 말들을 상당히 자주 사용한다. 정말로 힘들어서 내뱉을 수도 있지만, 대부분은 입에 배어 나도 모르게 흘러나오는 말이다. 이를 말버릇이라고 하는데, 사전적 의미로는 말하는 사람의 고유한 언어습관이다.

여기서 집중해야 될 점은 '습관성 표현법'이라는 것이다. 우리는 일이 잘 안 풀리거나 상황이 좋지 않을 때마다 부정적인 말들을 내뱉는다. 이런 표현을 계속 쓰다 보면 나에게 힘든 상황들이 자꾸만 일어나는 것처럼 느껴진다. 결국에는 짜증이 짜증을 끌어들여 아무것도 아닌 일에도 감정이 욱해버린다.

말의 에너지

우리가 말을 하는 순간, 온몸의 세포들이 먼저 듣고, 세포 마디마디에 기억된다. 미국의 심리학자 존 그린더John Grinder와 리처드 벤들러Richard Bandler가 창시한 NLP이론은 'Neuro Linguistic Programming'의 약자로, '신경 언어 프로그래밍'을 의미한다. 이 기술은 뇌 기능과 인간의 마음 구조 심층을 투시하여 몸과 마음의 상호작용의 결과로 사람을 변화시키는 능력을 개발하는 기술이다.

우리가 '초콜릿'이라는 단어를 보면 자연스럽게 '달달함'도 함께 연상하게 된다. 왜냐하면 대뇌에서 상상한 이미지가 자율신경계와 연동되어 있기 때문이다. 말이 입에서 나오는 순간, 뇌의 신경과 말이 하나가 되어 몸의 반응을 일으킨다. 그래서 말은 내뱉는 순간 어디엔가 흔적을 남기게 되는 것이다.

사람들은 절망적인 상황에 놓이거나 다급한 마음이 생기면 너나할 것 없이 기도를 한다. 남 잘되라는 기도를 하더라도, 그 기도는 자신에게 돌아온다. 말은 자력의 에너지를 지니고 있기 때문에 상대방보다 자신에게 할 때 더 큰 위력을 발휘한다. 성공한 사람들은 이러한 원리를 잘 알고, 일상생활에서 항상 활용하고 있다. 대표적인 예로 빌 게이츠Bill Gates가 있다.

누구나 한 번쯤은 그가 어떻게 부자가 되었는지 궁금해 한 적이 있을 것이다. 어느 날, 한 기자가 빌 게이츠에게 "세계 제일의 갑부가 되는 비결은 무엇입니까?"라고 물었다. 모두들 특별한 대답이 나올 것이라는 기대를 했다. 그러나 빌 게이츠는 "나는 날마다 스스로에게 딱 두 마디를 한다. 오늘은 큰 행운이 나에게 있을 것이다. 나는 뭐든지 할 수 있다."

긍정적인 말은 자기신념을 확고하게 한다. 강한 의지와 신념은 아무리 힘들고 어려운 상황에 마주쳐도 끝까지 밀고 나갈 수 있는 동력이 된다. 뿐만 아니라 스스로 긍지와 자부심을 가지고 문제를 해결해 나갈 수 있도록 내면을 풍성하게 만들어준다. 말은 자력의 에너지를 가지고 있어서 "힘들다, 힘들다"라고 말하면 힘들지 않은 일도 힘들게 느껴진다. 반면 "할 만하네, 한 번 해보자!"라고 말하면 힘든 일도 쉽게 풀린다.

아프리카에 살고 있는 어느 한 부족은 필요 이상으로 자랐거나 쓸모없어진 나무를 톱으로 자르지 않는다. 대신에 모든 부락민들이 모여 그 나무를 향해 온갖 욕을 한다. '죽어버려!', '쓸모없는 것!', '꺼져!' 와 같은 말들로 상처를 주면 나무가 서서히 시들다가 결국은 죽어버린다고 한다.

감사하는 마음, 기쁨, 행복에서 나오는 말은 플러스(+) 파동을 생성한다. 반대로 불평하거나 비난, 원망하는 말들에는 마이너스(-) 에너지가 생성되어 플러스(+) 에너지를 방전시키고, 실패와 불행을 끌어들인다. 불평과 원망의 파동은 자신뿐만 아니라 가족과 주변 사람들에게까지 영향을 미친다. 마이너스(-) 에너지를 가진 말들이 내 마음을 거쳐 끊임없이 외부로 발산되기 때문이다.

그러나 사람들은 자신이 말하는 대로 흘러가고 있다는 생각은 전혀 하지 못하고, 끊임없이 불평만 내뱉는다. 부정적인 생각과 말이 자신을 소리 없이 죽인다는 사실을 모른 채 말이다. 그러므로 자신이 원하는 방향으로 인생을 살고 싶다면 항상 긍정적인 생각과 말을 해야 한다. 또한 자신이 뱉은 말에는 반드시 책임을 져야 한다.

《흥하는 말씨 망하는 말투》를 쓴 이상헌 작가는 "부정적인 말은 악성부채이고, 긍정적인 말은 순수자산"이라고 말했다. 그러면서 부정어를 언급하지 않는 것만으로도 큰 도움이 되니 '안 돼'를 '돼'로 바꾸고, '틀렸어'를 '틀림없이'로 바꿔 마이너스(-) 에너지를 플러스(+) 에너지로 바꾸자고 덧붙여 말했다. 주변에 입만 열면 사는 게 힘들다는 말로 옆 사람까지 기운 빠지게 하는 사람이 있다. 이런 사람하고는 삶의 행복을 나누고 싶다가도 불평불만을 들으면 그 사람과 더 이상 대화를 이어가고 싶지 않을 것이다. 심하면 사람까지 잃어버려 돈을 잃는 것과는 비교할 수도 없을 만큼 엄청난 손해를 볼 것이다. 그렇기 때문에 우리는 내뱉는 말을 조심하고, 자신의 말버릇을 점검해 볼 필요가 있다.

똑같이 어려운 일을 당해도 끝까지 포기하지 않는 사람이 있다. 반면 쉽게 포기해 버리는 사람도 있다. 이 두 사람은 의지의 차이에서 생겨난 결과이다. 일이 뜻대로 되지 않으면 짜증이 나기 마련이다. 이때 자신도 모르게 입에서 불평불만을 쏟으면 생각과 말이 마이너스(-) 에너지를 받아 모든 것을 비판적으로 바라보게 된다. 또 속으로 '나한테 왜 이런 일이 주어진 거야! 짜증나게. 이건 도저히 못하겠는데? 어휴. 나는 안 되나봐. 포기해야겠어'라며 점점 부정적인 흐름을 타고 실패의 길로 빠져든다.

고통 속에서 나오는 부정의 언어는 결국 자신을 좌절하게 만든다. 그러나 희망의 언어를 내뱉으면 긍정적인 기운이 온몸을 감싸고 돈다. 우리는 세상을 살면서 수많은 문제 상황에 부딪힌다. 그럴 때마다 낙심하고, 좌절하고, 포기하는 사람으로 살 순 없다. 더 깊은 암흑으로 빠지기 전에 스스로 입에 브레이크를 걸어야 한다. 현대그룹 창시자로서 경제발전에 큰 이바지를 한 고 정주영 회장은 "길이 없으면 길을 찾고 찾아도 없으면 만들면 된다"라는 명언을 남겼다.

길이 없다고 포기하는 사람은 작은 어려움에도 쉽게 포기한다. 길을 만들 생각은 더더욱 하지 못한다. 그러나 복은 스스로 만드는 것이다. 남의 복을 내가 가질 수 없고, 나의 복을 남에게 주지도 못한다. 자신이 항상 투덜대고, 힘 빠지는 말들을 자주 했다면 이제부터는 말을 바꾸어야 할 때이다. 스스로에게 변화를 주기 위해 "잘 될 거야.", "할 수 있어.", "나를 믿는다."처럼 가능성을 열어두는 말들을 자주 사용하길 바란다.

시간의 연결고리

현재는 우리가 과거에 겪었던 사건들과 행동들이 원인이 되어 나타나는 결과이다. 내가 30분 전에 식사를 했기 때문에 지금은 배가 부르다. 내가 1시간 전에 샤워를 했기 때문에 지금은 몸에서 향기가 난다. 과거에 나는 식사하기로 결정했고, 또는 샤워를 하기로 결정했다. 따라서 과거의 선택들이 모여 현재의 모습을 이룬다. 과거와 현재가 연결되어 있다면, 현재가 미래와도 연결되어 있다고 볼 수 있다. 내가 과거에 원서를 접수했기 때문에, 지금 나는 시험공부를 하고 있는 것이다. 그리고 이 순간에 시험공부를 얼마나 열심히 하느냐에 따라 미래에 합격여부가 결정된다는 말이다.

존 F. 케네디John Fitzgerald Kennedy는 "우리가 할 일은 과거에 대한 비난이 아닌, 미래를 위한 계획이다"라는 말을 남겼다. 당신이 문제 상황에 놓였을 때, 우리는 흔히 자신의 잘못을 추궁하기 바쁘다. 그러나 과거를 추궁하고, 얼마나 큰 잘못을 했는지 판단하는 것은 가장 어리석은 일이다.

과거를 되돌릴 수 있는 사람은 어디에도 없다. 돌이킬 수 없는 일로 감정과 시간을 낭비하는 셈이다. '이렇게 했어야 했는데, 내가 왜 이랬지?'라고 후회한들 아무런 변화를 가져다주지 못한다. 오히려 자신을 더 무기력하게 만들고, 자존감을 낮추며 스스로에게 분노만 일으킬 뿐이다. 우리는 이미 일어난 일에 매달려 전전긍긍하기보다 뼈아픈 경험을 바탕으로 한 발자국 더 나아가 나의 삶을 성장시킬 수 있는 발판으로 삼아야 한다.

2010년 6월, Mnet 서바이벌 오디션 프로그램 〈슈퍼스타K〉에 참가한 장문복 씨는 당시 16세 나이로 중학생이었다. 힙합을 좋아해 아웃

사이더의 속사포 랩 'Speed Racer'를 선보였지만, 그의 독특한 랩 스타일은 전 국민의 조롱거리가 되었고, '힙통령'이라는 별명으로 불려졌다. 지속적인 악플에 시달린 그는 급기야 한 온라인 커뮤니티에 '이제 그만 해달라'는 부탁의 글을 올리기도 했다. 그러나 네티즌들의 조롱은 여전히 계속되었고, 심지어 그의 페이스북 타임라인에 '쵞'으로 도배될 정도였다.

그러나 그는 심리적으로 힘든 상황임에도 불구하고 2016년 4월, 아웃사이더의 정규 4집 리패키지 앨범 타이틀곡 뮤직비디오 출연을 기점으로 오앤오 엔터테인먼트와 전속계약을 체결하고, 싱글곡 등을 발표하며 정식 래퍼로 활동을 시작했다. 그는 자신을 괴롭혔던 '힙통령'과 '쵞'이라는 단어로 당당하게 대중들 앞에 나타났다. 네티즌들은 어린 나이에 온 국민에게 조롱거리가 되었음에도 불구하고, 자신이 좋아하는 랩을 끝까지 포기하지 않았다는 사실에 대단한 반응을 보였다.

뿐만 아니라 자신을 놀림거리로 만들었던 단어들을 잘 활용해 자신의 컨셉으로 삼은 그의 멘탈에 감탄했다. 그의 인스타그램 아이디 역시 check_h. p(hippresident의 줄임말)이다. 그가 SNS에 게시한 글들을 보면 '감사합니다', '사랑합니다'라는 말이 대부분이다. 글을 읽은 사람에게까지 밝은 기운이 전해진다. 또한 자신을 응원하기보다는 남을 응원해달라는 문구들도 자주 보인다.

장문복 씨의 언행을 통해 그의 내면에서 깨끗함이 느껴지고, 스스로 자신을 아낄 줄 아는 모습이 보였다. 그는 Mnet 〈프로듀스 101 시즌2〉에 출연하여 자신의 순위가 떨어져도 늘 밝은 모습으로 일관했고,

27위로 탈락한 뒤 자필편지로 국민 프로듀서에게 감사함과 사랑, 행복을 전했다. 또한 이번 시즌에서 '함께 무대에 서는 법을 배웠다'며 경험을 소중히 여겼다. '늘 그래왔던 것처럼 이제 다시 시작이다'라며 지금 주어진 상황에 충실하겠다는 말도 전했다. 그리하여 미래에는 더 성장한 모습으로 찾아뵙겠다는 의지까지 내비쳤다.

그는 스스로에게 잘못을 추궁하지 않는다. 그것이 얼마나 쓸모없는 일인지 잘 알고 있다. 앞만 보고 달리기도 바쁜데, 과거에 얽매여 그 자리에 주저앉아 버릴 순 없다. 과거의 잘못에서 배울 점을 찾고, 현재에 적용시켜 더 나은 미래를 향한 건설적인 삶을 살아야 한다. 우리의 현재 모습은 과거의 말이 만들어낸 결과이고, 미래 또한 현재의 말에서 비롯된 결과라는 것을 잊지 말자.

말은 양날의 검과 같다

말은 사람의 생각을 전달하는데 있어 매우 편리한 수단이다. 언제 어디서든 말을 통해 자신을 드러낼 수 있다. 그러나 대화를 하려면 상대의 말을 듣고 바로 대응을 해야 하기 때문에 자칫 잘못 대답했다가는 자신의 명성과 신뢰가 한순간에 무너질 수도 있다.

엎질러진 물

무소불위의 권력을 가졌다 하더라도 말 한 마디 잘못하게 되면 자신의 이미지는 한순간에 깎이고 만다. 불교성어에는 구시화문口是禍門이라는 말이 있다. 입口은 화禍가 들어오는 문門이라는 뜻이다. 즉, 입은 모든 재앙의 근원이다. 세상사의 화는 입에서 나온다. 말에 인품이 넘치면 품격이 베어 나온다. 말이 곧 그 사람이다. 말로 인생을 망치지 않는 것 또한 삶의 지혜이다. 즉흥적으로 내뱉는 말 한 마디가 흉기로 돌변하여 나를 해치는 일이 없도록 항상 말을 조심해야 한다.

한 번 내뱉은 말은 주워 담을 수 없다. 말을 내뱉는 동시에 누군가의 마음에 영향을 끼치기 때문이다. 훌륭한 언변을 구사하고, '최고의 연설'이라는 찬사를 받아온 오바마 미국 전 대통령도 실언을 통해 비난을 받은 적이 있다. 2009년 3월 19일, 그는 미국 〈NBC〉에서 방송하는 인기 프로그램 'Tonight Show'에 출연했다. 토크를 하는 도중에 그는 백악관 안에 있는 볼링장에서 게임을 했던 경험담을 풀어놓았다. 자신의 볼링 실력이 형편없다는 의미로 '마치 스페셜 올림픽 같았다'고 비유했다.

스페셜 올림픽은 지적·자폐성을 가진 장애인들을 위해 스포츠 훈련의 기회를 제공하고, 신체적 적응력을 향상시켜 사회구성원으로서 함께 어울릴 수 있도록 돕기 위한 목적으로 4년마다 개최하는 행사이다. 오바마 전 대통령은 자신의 볼링 실력을 '지적 발달 장애인' 수준에 비유를 하면서, 본의 아니게 그들의 가치를 깎아내렸다. 이후 그는 자신의 잘못을 인정하고, 스페셜 올림픽 대회 책임자에게 전화해 용서를 구했다고 밝혔다. 유명 인사들의 말은 사람들에게 미치는 영향이 크다. 이 때문에 대중들은 그들의 위치에 맞는 인품과 행동을 요구한다. 큰 기대를 건 만큼 잘못에 대한 비난의 강도도 매우 셀 수밖에 없다.

말의 양면성

피해자는 본인이 당했던 사건을 폭로하여 가해자의 죄를 세상에 알린다. 가해자는 그에 따른 대가를 치르게 되고, 피해자는 당시 느꼈던 억울함이나 치욕, 상처가 완전히 치유되지는 않겠지만, 조금이나마 위로가 된다. 뉴스에 자주 등장했던 미투Me Too 운동은 자신의 SNS를 통해 자신이 겪었던 성범죄 행위를 고백함으로써 사람들에게 심각성을 알리는 캠페인이다. '나도 그렇다'라는 의미인 'Me Too'에 해시태그를 달아 우리 주변에 얼마나 많은 피해자가 있는지 경각심을 일깨우기 위한 취지이다.

미국에서 처음 시작된 미투 운동은 우리나라에도 엄청난 파장을 불러일으켰다. 정치인들은 물론 연예인들까지 미투 운동으로 인해 그들의 행동들이 낱낱이 들어나기 시작했고, 그에 따른 죗값을 치르게 되었다.

우리가 과거에 범죄를 당하고도 신상공개나 보복 등이 두려워 침묵으로 일관했다면, 가해자들은 또 다른 범죄를 저지르고, 피해자는 계속해서 발생할 것이다. 그러나 폭로를 통해 수많은 가해자들의 추가 범행을 멈추는 것만으로도 큰 의미가 있다. 우리는 말을 통해 가해자들의 사회적 위치와 권력에 맞서나갈 수 있는 힘을 얻는다. 또한 그들의 잘못된 도덕적 윤리의식을 바로잡고, 인격에 대한 소중함을 세상에 알려 사회를 발전시켜 나가는 데에 큰 이바지를 한다.

부당한 권위를 이용하여 한 사람의 삶을 짓밟고, 악행을 저지르는 사람을 폭로하는 것은 용기 있는 일이다. 하지만 이를 악용하는 사례도 있다. 거액을 노리고 거짓된 폭로를 하거나 단순히 가십거리를 만들기 위해 양심에 찔리는 말들을 하기도 한다. 연예인이나 정치인들은 한 번 낙인찍히면 이미지 회복이 어렵다. 모든 사람들에게 신상이 알려져 있고, 알려진 만큼 파급력도 크기 때문이다.

2009년 11월 한 누리꾼이 '스텐퍼드대학교 졸업자 명단에 타블로가 없었다'며 인터넷에 글을 올렸다. 당시 힙합그룹 에픽하이의 리더 타블로 씨는 데뷔 초부터 자신이 스탠퍼드대학교 석사 출신이라고 밝혀 많은 사람들의 관심을 받았다. 그의 학력에 관한 논란이 일자 '타블로에게 진실을 요구합니다', 줄여서 '타진요'라는 인터넷 카페가 생겼고, 이들을 중심으로 학위에 대한 의혹은 여러 차례 제기되었다.

타블로 씨는 스탠퍼드대학교 학력인증서와 졸업장 등 몇 가지의 증거자료를 공개했지만, 네티즌들은 '조작됐다', '동명이인의 것이다', '위조됐다'며 그의 진실을 믿지 않으려 했다. 뿐만 아니라 이메일, 편지 등을 통해 각종 악플을 달아 그의 가족들까지 괴로움에 빠지게 했다.

2010년부터 시작된 재판은 2년 간동안 이어졌고, 결론은 재판부에서 '학력을 입증할 수 있는 모든 자료들이 제출되어 그의 학력이 진실임을 입증했다'고 밝혔다. 타블로 씨는 이 사건으로 인해 오랜 시간을 고통 속에서 살아야 했다. 더군다나 그의 인격에 큰 타격을 입었다. 여러 사람의 입에서 나오는 말은, 그것이 진실이든 거짓이든 간에 한 사람의 인생을 송두리 째 빼앗아갈 수 있다.

일부 네티즌들은 익명성이 보장된다는 이유만으로 입에 담지도 못할 언행을 한다. 악플에 시달려 홀로 마음의 병을 앓다가 결국 자살을 선택한 사람들을 보면 마음이 너무 아프다. 말 속에 갇혀 자신의 빛을 발하지 못하고, 단순한 가십거리로 나오는 말들이 그들을 쓸쓸한 죽음으로 내몰게 한다. 우리의 인생에서 성공과 행복은 인간관계에서 비롯된다고 해도 과언이 아니다. 우리는 말을 통해 타인들과 연결되고, 그로부터 삶의 희로애락을 느낀다. 타인이 일방적으로 나의 인격을 깎아내리고 모욕적인 언행을 난발한다면 그 말의 무게를 버틸 자가 있을까.

무의식 발언

누구나 본의 아니게 상대방에게 말로써 상처를 준 경험이 있을 것이다. 나는 중학생 시절, 원어민에게 중국어를 배웠던 적이 있다. 원어민 선생님께서는 한국어를 잘 못하고, 몇 단어만 안다고 하셨다. 나는 시계가 눈에 들어왔고, 진심으로 궁금한 마음에 "시계가 뭔지 아세요?"라고 물었다. 내 말의 의미는 한국어로 '시계'라는 단어도 알고 계신지 궁금해서였다. 그러나 나의 순수한 의도와는 다르게 받아들이신 선생님께서는 버럭 화를 내시면서 "내가 그것도 모를 줄 아니!?"라며 예의 없는 아이라고 하셨다.

당시에는 어린 마음에 '별 것도 아닌 걸로 화내시네.' 하며 투덜댔는데, 지금 생각해보니 내가 오해의 소지를 만들었다는 생각이 든다. 선생님께 '이런 것도 아시냐'고 물어보는 것 자체가 자신을 무시한다는 느낌을 받을 수 있겠다는 생각을 하지 못했다. 그 상황에서는 사과를 드리지 못했는데, 그렇게 말한 것에 대해 죄송하게 생각하고 있다.

상대방의 입장을 고려하지 않고 함부로 말하면 상대방과의 관계가 어긋나게 된다. 무의식에서 나오는 말이 나의 인격을 의심받는 상황으로 내몰 수 있다.

우리는 일상생활에서도 흔히들 이런 식으로 말한다. “직장 못 구하면 공장이나 들어가야지”라거나 “제가 공부를 못해서 ㅇㅇ대학 밖에 못 나왔어요”라고 말한다. 본심은 그런 뜻이 아니라고 아무리 변명해봤자 밖으로 나온 말은 수습이 불가능하다. 이처럼 무의식으로 나오는 말이 문제가 되지 않기 위해서는 내면을 잘 닦아야 한다. 말 한 마디로 본인 스스로의 인격을 깎는 불미스러운 일은 없어야 한다.

논리보다는 순간의 말투가 통한다

사람과의 소통에서는 말의 내용도 중요하지만, 말투도 중요하다. 말은 말투를 포함하여 몸짓, 표정 등 비언어적인 요소가 결합되어 의미를 전달한다. 우리는 '그렇게 말은 안 했지만, 그런 말투였다'라는 표현으로 말다툼을 시작한다. 직접적으로 말하기 부담스러워 둘러댄다 하더라도, 우리는 그의 표정과 행동을 통해 본래의 뜻을 짐작한다.

메라비언 법칙

캘리포니아 UCLA 대학 심리학과 알버트 메라비언Albert Mehrabian 교수는 대화하는 사람들을 관찰, 분석하여 비언어적인 요소가 커뮤니케이션에 미치는 영향에 대한 연구를 하였다. 그는 저서《침묵의 메시지》를 통해 연구결과를 내놓았다. 상대방에게 메시지를 전달할 때, 우리가 일반적으로 중요하다고 생각해왔던 말은 고작 7퍼센트밖에 차지하지 않는다고 한다. 나머지 93퍼센트는 비언어적 요소가 차지하는 비율이다. 목소리가 38퍼센트, 표정은 35퍼센트, 태도가 20퍼센트이다. 언어와 비언어적인 요소를 두고, 대부분 사람들은 비언어적인 요소가 전하고자 하는 메시지의 진실이라고 여긴다. 이러한 사실을 그는 '메라비언의 법칙'이라고 정의하였다.

스마트폰의 발달로 인해 우리는 메신저로 대화하는 일이 더 많아졌다. 그중에서도 카카오톡을 주로 사용하면서 흔히 말하는 '카톡 말투'로 그 사람의 또 다른 모습을 알게 된다. 실제로 만났을 때는 서로 말과 표정, 제스처 등으로 소통하지만, 메신저를 통한 대화는 특정기호나 이모티콘 등을 사용하여 자신의 말투와 감정을 드러낸다.

최근 한 인터넷 커뮤니티 사이트에서 '여자들이 싫어하는 남자 카톡 말투'라는 글을 보았다. 나도 공감 가는 부분이 꽤나 있었다. 1위가 말끝마다 'ㅋ'을 붙이는 말투로 선정되었다. 이어 이모티콘을 과하게 쓰는 말투, 단답을 하는 말투, 허세를 부리는 말투, 과도한 인터넷 말투 등이 있다고 한다.

이렇듯 말투에서는 다양한 감정들이 묻어나온다. 어떻게 쓰느냐에 따라 같은 말도 다른 의미로 전달될 수 있다. 대화 속에 'ㅋ'이 하나 있는 말과 'ㅋㅋㅋ'처럼 여러 개가 있는 표현도 서로 다른 의미로 전달된다. 아주 사소한 말투의 차이가 상대방을 다른 행동으로 유도할 수도 있다.

말은 표정이나 제스처로 감정을 숨길 수 있지만, 말투는 그 자체에서 감정이 풍긴다. 따라서 우리는 상대방의 말투에 초점을 두고 대화를 이어가야 한다. 내용을 이해하는 것을 넘어 말투를 통해 상대의 감정까지 파악하는 것이야말로 진정한 소통이라 여긴다. 표면적인 말만 듣고 대화를 이어간다면 상대방과의 불통만 일으킨다. 이를 해소하기 위해서는 '저 사람이 왜 이런 말투를 사용했을까?'에 대한 의문을 잠깐이라도 가져보자.

함의적 표현

한 아이가 엄마에게 물었다.
"친구랑 놀러가도 돼요?"
아이의 말에 엄마는 이렇게 대답했다.
"너 숙제 있잖아."

우리는 논리적인 말, 정확한 문장을 표현하는 것이 남을 잘 설득할 수 있다고 생각한다. 그러나 이는 착각이다. 인간은 사실보다는 그 사람의 말투에 반응한다. 말투는 논리와는 다른 감정의 언어이다. 누군가에게 "저에게 화났어요?"라고 물었는데, 상대가 뾰루퉁한 표정으로 "아니." 하고 대답했다. 이 상황에서 상대의 '아니'라는 대답을 진짜 '아니'라고 받아들이고 이후의 대화를 이어나간다면 둘 사이의 골은 더 깊어질 것이다.

프레젠테이션이나 준비된 발표에서는 정리된 말, 논리정연한 말이 필요하다. 하지만 우리는 즉흥적으로 말을 꺼내야 하는 상황에 더 많이 노출되어 있고, 사람들과의 소통에서 희노애락을 느끼기 때문에 자신의 말투를 드러낼 일이 훨씬 많다. 그러므로 논리와 내용보다는 순간순간 내가 어떤 말투를 쓰고 있는지 살펴보는 것이 우선되어야 한다.

상대방이 "좀 덥지 않아요?" 하고 물어보았을 때, 눈치가 빠른 사람이라면 그 말의 속뜻을 파악하고 얼른 창문을 열거나 에어컨을 틀 것이다. 상대는 의견을 물었는데, '덥다' 또는 '덥지 않다'라고 답변하는 것이 아닌 공기를 시원하게 하는 행위가 이상하게 보일지도 모른다. 이는 제대로 된 답변이 아니라고 생각할 수도 있을 것이다. 사실 상대방의 말 이면에는 '저는 더운데, 당신도 덥다면 공기를 시원하게 했으면 좋겠습니다'라는 숨은 뜻이 있다. 상대의 마음을 파악하는 데에 둔감한 사람은 "그런가? 나는 잘 모르겠는데." 하며 그 말의 이면을 무시한다. 그러나 우리가 하는 말에는 이면의 의미가 숨어 있다. 이를 '함의'라고 한다. 말이나 글 속에 어떠한 뜻이 숨겨져 있다는 사전적 의미를 가지고 있다.

직장 상사가 "혹시 ㅇㅇ씨 연락처를 알고 있나?"라고 물었다. 이 질문은 'ㅇㅇ씨의 연락처를 알고 싶은데, 만약 당신도 모른다면 알아봐 달라'는 의미를 내포하고 있다. 상사의 부탁을 잘 파악한 직원은 "저도 잘 모르지만, 알아보고 말씀드리겠습니다"라고 말할 것이다. 반대로 말을 표면적으로만 받아들이는 직원이라면 "잘 모르겠는데요"라고 일관할 것이다.

당신이 상사라면, 누구의 말에 더 신뢰를 느낄 것인가? 그야 당연히 '알아봐준다'고 말한 직원에게 더 신뢰를 느낄 것이다. 사람의 마음을 잘 이해하는 사람은 함의를 잘 꿰뚫어보는 사람이다. 상대방은 자신의 말을 잘 이해하고 그렇게 행동에 옮기는 사람을 더 좋아할 수밖에 없다. 보통 자신의 요구를 직설적으로 말하기가 미안하여 빙 둘러 말하지만, 마음속에서는 자신의 뜻을 알아달라고 아우성친다. 이를 잘 꿰뚫어 그에 맞는 행동을 해준다면, 상대방은 더 할 나위 없이 고마워할 것이다.

마음 알아주기

남녀가 연인이 되면 사랑하는 만큼 상대에게 거는 기대가 클 수밖에 없다. 그래서 연인은 사소한 일에 자주 다투게 된다. 도저히 대화가 끝날 것 같지 않으면 둘 중 누군가가 극단적인 말을 하고, 상대에게 상처를 준다.

"이럴 꺼면 우리 헤어져!"

"너는 헤어지잔 말을 그렇게 쉽게 하니? 우리 관계가 이것밖에 안 돼?"

"우린 도저히 안 맞아. 이제 지쳤어."

"넌 항상 그런 식이야. 뭐가 문제인지 말도 안 해주고. 그럼 내가 어떻게 알아?"

대부분 연인들의 사랑싸움은 이런 식이다. 문제는 해결되지 않았는데 사랑하니까 다시 마음이 풀리게 된다. 하지만 똑같은 상황이 생기면 똑같은 문제로 다투게 된다. 이 반복되는 싸움에 지쳐 둘 중 한 사람은 마음이 떠나고, 결국 이별하게 된다.

연인 사이에서 극단적인 말을 하는 이유는 단 한 가지다. 상대방에게 '자신의 마음을 알아달라'는 외침이다. 자신의 기분이 상한 이유를 구구절절 설명하는 것은 자존심 상하는 일이라고 여긴다. 지난 일로 나는 아직 화가 풀리지 않았는데, 상대방에게 "아직도 그걸로 태클을 거는 거야? 뒤끝 있네"라는 말을 듣고 싶지 않기도 하다. 그리고 무엇보다 내가 상대를 사랑하는 만큼 상대방도 나를 사랑한다는 사실을 확인하고 싶다. 자신의 연인만큼은 내 마음을 잘 알아주기를 기대하는데, 내 뜻대로 되지 않아 섭섭함을 느끼기 때문이다. 그래서 괜히 극단적인 말로 내가 얼마나 화가 났는지를 상대에게 표현한다. 그 말 속에는 '내가 이렇게 말해도 너는 내 마음을 이해해주었으면 좋겠어.' 하는 바람이 들어 있다.

그러나 상대도 똑같은 사람인지라 그 말을 들으면 자존심이 상하기 마련이다. 자존심에 흠이 난 상대는 자기방어를 하기 위해 오히려 더 화를 내거나 그런 말을 한 이유가 무엇인지 꼬치꼬치 캐묻는다. 둘의 마음은 이미 상했고, 자신을 방어하기에 급급해진다. 자신을 숨기며 마음에도 없는 말들이 쌓이다 보니 그 말들이 또 다른 싸움을 불러일으킨다. 진심 아닌 말을 상대는 진심으로 오해해 정말 관계가 멀어지게 된다.

연인과의 더 나은 관계를 위해서는 자신의 감정을 추스르고, 상대의 말 이면에 어떤 본심이 있는지 파악해야 한다. 그러기 위해서는 상대방에게 "네 마음을 몰라줘서 미안해"라고 말해보자. 그럼 상대도 자신의 진심을 내보이게 될 것이다.

2부

뱉을 말을 정해주는 내면 다듬기

인간이라면 누구나 의식적인 노력으로 자신의 삶을 변화시킬 능력을 지니고 있다.
-헨리 데이비드 소로

내면을 가꾸어야 하는 이유

말투의 기술을 배우기에 앞서 우리는 내뱉는 말을 결정짓는 본질을 잘 다듬어야 한다.

정신분석의 창시자 지그문트 프로이트Sigmund Freud는 사람들의 말실수는 억압된 무의식이 의식에 개입되어 나타나는 것이라고 주장했다. 평소에 자주 저지르는 말실수는 우리 마음속에 억압되어 있던 생각이 무의식 중에 밖으로 드러나는 현상이다. 프로이트는 '억눌러져야 할 생각이 입 밖으로 표출됨으로써 난처한 지경에 이르는 것'이라고 해석했고, 이를 '프로이드식 말실수'라고 부른다.

그는 인간의 마음을 빙산에 비유하였다. '의식'은 수면 위로 보이는 빙산의 일각일 뿐이고, 수면 아래에는 훨씬 큰 '무의식'이 자리 잡고 있다고 표현하였다. 결국 사람들과 원활한 소통을 원한다면, 우선 나 자신과 먼저 소통이 되어야 하고, 흔들리지 않는 대화를 위해서는 자신의 내면을 먼저 들여다볼 줄 알아야 한다.

우리가 말투의 기술만 배운다면, 짧은 시간 안에 큰 변화를 가져다줄 수 있다. 그러나 그것은 그 사람의 진짜 말투가 아니다. 마음속에 불평불만이 가득한 사람이 긍정어를 달달 외운다고 해서 그의 말이 바뀌지는 않는다. 상황을 바라보는 시각 자체를 긍정적으로 보지를 못하니 입에서 긍정어가 나오지 않는다. 겉으로는 그럴 듯하게 보이나 시간이 지나면서 나와 맞지 않은 말투 기술을 구사했을 뿐, 본인에게 체화되지 않았음을 느끼게 된다. 따라서 우리는 내면을 들여다보고, 느끼는 감정, 바라보는 관점이나 가치관 등에 관심을 기울여야 한다.

열등감을 드러내는 자기 자랑

입만 열면 자신의 자랑거리를 늘어놓는 사람이 있다. 그는 자신은 물론이고, 자식, 집안, 지인 등으로 자랑의 범위가 확대된다. 상대방의 상황이 어떻든 상관하지 않고, 입에 침이 마르도록 떠들어댄다. "내가 과거에는 대단한 사람이었어"라거나 "그때 우리 집이 엄청난 부자였는데…"라며 현재와는 아무 소용없는 자랑거리들을 늘어놓는다.

이런 말들은 자신의 열등감을 숨기기 위해 하는 말로써 현재 자신은 '별 볼일 없는 존재'라고 인식하고 있다는 사실을 은연중에 드러내 보이는 것이다. 이들은 자존감이 낮으며, 자격지심에 사로잡혀 있다. 자신의 장점을 내세워 상대방이 자신의 결점을 보지 못하도록 숨기려는 심리다. 꺼내지 않아도 될 말을 굳이 꺼내 상대방의 열등감을 자극시켜 미움을 받을 수 있는 미련한 언행이다.

대화의 맥락과 어울리지 않는 말이라면, 그 말은 입 밖으로 꺼내서는 안 된다. 사실 본인도 말을 하면서 자신이 하고 있는 말이 대화의 맥락과 맞지 않다는 것을 자각하고 있다. 그러면서도 자랑할 만한 대화거리가 나오면 대화의 흐름과는 상관없이 그 주제를 옹호하는 듯하면서 자신의 자랑을 늘어놓는다. 자랑을 통해 남에게 자신의 잘난 점을 알게 하면 상대방이 나를 '대단한 사람'이라고 여길 것이라는 착각에 빠진다.

그러나 타인은 애써 자신의 열등감을 감추려는 모습이 눈에 보여 '참 안쓰럽다'라고 생각할 것이다. 잘난 사람은 굳이 잘난 척을 하지 않는다. 자신이 잘났다는 사실을 모든 사람들이 이미 알고 있기 때문에 아쉬울 것이 없는 사람이다. 따라서 남들에게 본인이 '잘난 사람'으로 기억되고 싶다면, 번지르르한 말로 자기 자랑을 떠벌리고 다니기보다는 자신의 능력과 내면을 키워 행동으로 이를 증명하는 것이 가장 바람직한 방법이다.

겸손한 자세

몽골 민담에 개구리와 기러기들이 나오는 이야기가 있다. 작은 호수에 살고 있던 개구리는 큰 가뭄이 오자 물이 많은 큰 호수로 이사 갈 방법을 궁리하던 중에 마침 호수 옆을 지나가던 기러기 두 마리를 보고 좋은 아이디어가 떠올라 이렇게 말했다.

"나를 큰 호수로 옮겨다주세요. 제가 가운데에서 막대기를 물고 있을 테니 양쪽에서 막대기를 물고 날아가면 됩니다."

기러기들은 흔쾌히 개구리의 부탁을 들어주었고, 막대기를 물고 한참을 날아가는데, 지나가던 행인이 이 광경을 보고 감탄하였다.

"와, 누가 저런 아이디어를 냈지? 정말 똑똑하구나."

이 말을 들은 개구리는 자랑을 하고 싶어 견딜 수가 없었고, 결국 말을 하고 말았다.

"저예요, 저! 바로 제 아이디어예요!"

결국, 막대기에서 입을 뗀 순간 개구리는 땅으로 떨어져 죽고 말았다.

자랑이 지나치면 스스로 화를 자초하게 된다. 자신이 얼마나 대단한 사람인지 말해도 상대방에게는 그저 쓸데없는 말에 불과하다. 자신의 유능함은 말로 증명할 수 없다. 저절로 드러나야 그 능력이 빛을 발휘한다. 자랑하면 할수록 사람들은 오히려 '자랑하는 자체가 자신의 무식을 드러낸다'라고 생각하고, 인간관계는 더 멀어지게 된다. 자신의 능력을 타인에게 더 오랫동안 인정받고, 마음속 깊이 새기고 싶다면 자신의 앎을 과시하지 않고, 시종일관 겸손함으로 대해야 한다.

교만한 자는 인생에서 언젠가 큰 낭패를 본다. 반면 겸손한 자는 모든 사람들의 지지를 얻는다. 노자老子는 겸손에 대하여 이런 말을 남겼다.

"내게는 세 가지 귀중한 자산이 있다. 첫째는 상냥함이요, 둘째는 검소함이며, 셋째는 타인 앞에 나 자신을 내세우지 않는 겸손함이다."

겸손함을 갖춘 사람은 남을 존중하고 자기를 내세우지 않는 태도를 보인다. 벼는 익을수록 고개를 숙인다. 이삭이 완전히 익을 무렵이 되면 알이 꽉 찬 이삭의 무게를 견디지 못하고 고개를 숙인다. 배움도 이와 비슷하다. 배움이 깊은 사람은 겸손하고, 자신의 지식을 내세우려하지 않는다. 오히려 상대의 말에서 배울 점을 찾고, 자신을 수양한다. 그러나 배움이 얕은 사람은 자신의 얄팍한 지식을 하나라도 더 과시하기 위해 박학다식한 척하며 어디든 나서려고 한다.

유대인의 정신적 지주 역할을 했던 서적 《탈무드》에서는 "남이 자신을 칭찬하여도 자신의 입으로는 자신을 칭찬하지 마라." 하는 표현이 나온다. 스스로 칭찬하는 말을 피하라는 의미다. 사람들과 대화하는 동안, 자기를 내세우는데만 집중해서는 안 된다. 내가 한 마디했다면 상대의 말은 열 마디를 들어준다는 생각으로 자신의 말을 아껴야 한다.

누군가가 물어보지도 않았는데, 은근히 자신의 지식을 드러내면서 자기 자랑을 하는 사람들이 있다. 기회를 엿보다가 교묘하게 자기 자랑으로 화제를 이끌어간다. 그의 말을 들어보면, 지금 이야기하고 있었던 맥락과는 전혀 다르게 흘러가고 있다. 그와 함께 대화하고 있던 사람들은 궁금하지도 않고, 흥미롭지도 않은 이야기를 듣고 있자니 대화가 꽤나 괴롭게 느껴진다.

영국의 정치가이자 문필가인 필립 체스터필드Philip Dormer Stanhope Chesterfield는 '어떠한 대화에서도 자기 자랑은 금물'이라고 하였다. 훌륭한 사람도 자신의 유능함을 자랑하다 보면, 허영심과 자만심에 빠지게 된다고 한다. 또한 상대에게 불쾌감을 주어 오히려 자신의 능력을 인정받지 못한다고 강조하였다. 그는 사람들과 대화하면서 피해야 할 두 가지를 제시하였다.

❶ 대화의 흐름과 상관없이 자기 자랑을 하는 것

❷ 자신이 남에게 비난받는다고 말하면서 교묘하게 자기 자랑을 늘어놓는 것

자신의 내면을 스스로 성찰하고, 경영할 줄 아는 사람이 사람들의 존경을 받는다. 항상 내면에 겸손함을 갖추고 세상을 바라보아야 한다. 그렇게 한다면, 마음이 평화로 가득 차게 된다. 또한 입에서는 꿀처럼 달콤한 말들이 자연스럽게 나오게 된다. 반대로 자만과 허영심이 가득하면 미움, 질투, 욕심들이 자리 잡고 있어 입으로 독을 내뿜게 된다.

따라서 상대의 마음을 끌어당기는 사람이 되기 위해서는 마음 안에 겸손, 감사, 사랑 등을 차곡차곡 쌓아두어야 한다. 또 충분한 시간을 가지고 내면에 집중하며 스스로 변화할 수 있도록 노력해야 한다.

다름을 인정하자

우리의 평가는 지극히 주관적이다. 영화관에 가서 영화 한 편을 보기 위해 다른 사람이 올린 평점과 리뷰만 봐도 천차만별이다. 2시간짜리 영화를 보고도 느끼는 소감이 이렇게 다양한데, 사람이야 오죽할까?

세상에는 똑같은 사람이 단 한 명도 없다. 성격은 물론이고, 생각과 판단하는 기준도 모두 다르다. 말 역시 다르다. 말의 내용은 하나지만, 듣는 사람에 따라 여러 가지 해석이 나온다. 그럼에도 우리는 상대의 생각을 너무 쉽게 바꾸려 든다. 상대가 나의 말에 호응하지 않거나 반대할수록 더욱 내 의견을 고집하고 싶어진다. 이 말에는 '자신은 옳고 상대방은 틀렸다'는 전제가 깔려 있어 너의 '틀린 생각'을 나의 '옳은 생각'으로 바꾸어주고 싶다는 바람이 들어 있다.

경험의 차이

우리는 살면서 마주하는 수많은 사건에 의미를 부여한다. 경험이 쌓일수록 우리는 자신을 스스로 결론짓고, 가치관을 성립시킨다. 이렇게 한번 형성된 가치관은 바꾸기가 매우 어렵고, 그 사람의 말과 생각하는 방식을 전반적으로 다루게 된다. 오스트리아 정신의학자인 알프레드 아들러Alfred Adler는 저서 《아들러의 인간이해》에서 "인간은 자신의 수많은 경험을 바탕으로 동일한 목적의 적용방법을 도출해낸다. 모든 경험은 이미 형성된 행동양식에 맞춰지고, 그 사람의 생활모형을 강화시킬 뿐이다. 따라서 인간을 이해하기 위해서는 환경적인 요소를 배제할 수 없다"고 말했다.

당신의 이해를 돕기 위해 한 가지 예를 들어보겠다. 당신에게는 여자친구 또는 남자친구가 있다. 상대를 너무 사랑해서 그가 당신 삶의 전부가 되었고, 이 관계에 최선을 다했다. 3년 가까이 교제를 하고 있으며, 서로 결혼까지 기약한 사이다. 그런데 어느 날, 당신의 연인이 나의 둘도 없는 친구와 바람이 난 현장을 목격했다. 엄청난 배신을 느낀 당신은 '사람은 믿어선 안 되는 존재'라는 가치관이 형성된다.

그때 본 충격과 분노는 당신에게 절대 지울 수 없는 상처로 남게 되었고, 앞으로는 이런 일이 벌어지지 않도록 스스로에게 경고를 한다. 당신의 가치관에 단단히 새겨진 경고가 새로운 사람들을 만날 때마다 '이 사람을 믿어도 될까?'라는 생각에 사로잡히게 만들고, 끊임없이 확인하려 들 것이다. 그렇지만 당신과 더 깊은 관계를 유지하고 싶어하는 사람은 당신이 벽을 치고 상대를 대하는 이유를 이해하지 못할 것이다.

우리는 죽는 날까지 사람과의 갈등을 피할 수 없다. 경험에 따른 가치관이 다르기 때문에 각자의 사연과 배경이 있다. 결벽증이 심한 사람, 강박장애를 겪고 있는 사람, 자신의 몸을 돌보지 않고 죽어라 일만 하는 사람 등 남들이 보기엔 이해할 수 없는 행동들이겠지만, 모두 그들만의 사정이 있다. 그 사람들이 이해되지 않는 이유는 단지 우리가 경험해보지 못했기 때문이다. 우리는 자신과 다른 생각을 가지고 있는 사람들을 자신의 관점으로 평가하기보다는 그 사람의 배경을 이해하고, 수용하려는 자세를 갖추어야 한다.

도덕주의적 판단

한 가지의 가치관을 얻기까지 우리는 꽤 오랜 세월이 걸린다. 그러나 한 집에 살고 있다거나 아무리 피를 나눈 형제자매라 해도 모든 가치관이 똑같을 순 없다. 모두가 다른 가치관을 가지고 있기에 상황을 판단하고, 대처하는 데에도 각자의 방식이 있다.

직장 상사가 한 부하직원에게 어떤 업무를 저녁까지 끝내 달라는 지시를 했다고 가정해보자. 직원은 업무를 보는 중에 갑작스럽게 몇 가지 자료를 수정할 일이 생겼다. 그래서 그는 상사에게 중간보고를 통해 이를 알려야겠다고 생각했다. 그런데 중간보고를 하러 온 부하직원에게 상사는 버럭 화를 내며 "업무를 완전히 끝난 뒤에 정리된 보고를 해야지. 완성되지도 않은 보고를 하면 나보고 어떻게 하라는 거야?" 하고 말했다.

직원의 입장에서는 변경사항을 미리 알려 추후의 문제가 생기지 않도록 상사를 배려한 것이라 생각했다. 하지만 상사는 최종보고를 할 때 변경사항까지 한 눈에 알 수 있도록 보고하길 기대하였다. 결국 배려하려는 마음이 상대에게는 불쾌감으로 느껴졌다. 이와 같은 오해들은 일상에서 끊임없이 일어난다. 그렇다면 우리는 왜 이런 사람들을 이해할 수 없다고 치부해버리는 것일까?

국제 평화단체 비폭력대화센터CNVC의 설립자이자 교육책임을 맡고 있는 마셜 로젠버그Marshall B. Rosenburg는 저서 《비폭력대화》에서 상대방을 분석하고 평가하는 것은 자신의 욕구와 가치관의 표현이라 한다. 이에 덧붙여 "우리의 가치판단과 맞지 않는 행동과 그런 행동을 하는 사람들에 대하여 우리는 '도덕주의적 판단'을 내린다"라고 말했다.

가치판단은 판단하는 사람의 가치관이 개입되는 판단이다. 로젠버그는 우리가 살아가면서 욕구를 충족하는 데에 가장 바람직한 방식으로 결정하는 것을 가치판단이라고 정의하였다. '음식이 맛있다' 또는 '꽃이 아름답다'와 같은 주관적인 판단을 예로 들 수 있다. 가치판단에는 '옳고 그름'이 없다. 그러나 도덕주의적 판단은 자신의 가치관과 맞지 않는 사람의 행동을 나쁘다거나 틀렸다고 한다. '그 사람은 이기적이야'라거나 '그 애는 게을러'와 같은 예가 있다.

결국 사람 간의 다툼이 발생하는 원인은 서로가 바라는 행동을 하지 않았다는 이유로 상대를 도덕적으로 판단했기 때문이다. 상대방이 나쁘다거나 잘못했다고 생각하는 것 역시 나의 가치관을 통해 상대를 바라보고 해석하고 있다는 뜻이다. 어느 한 쪽이 잘못된 행동을 한 것이 아니다. 그 행동에 대해서 각자의 가치관으로 옳고 그름을 판단했기 때문에 갈등이 빚어지는 것이다.

우리는 그 차이를 받아들이지 못하고 '그 사람은 나랑 안 맞아' 또는 '같이 일 못 하겠다'라며 하소연한다. 그러나 세상에는 공통된 가치관이 없다. 나와 같은 가치관을 가진 사람은 세상에 단 한 명도 없다는 말이다. 따라서 상대의 행동을 두고 '어리석다'라거나 '나쁘다'는 식의 판단은 하지 말아야 한다. 상대의 성장배경을 고려해 상대가 그런 행동을 할 수밖에 없었던 이유가 무엇인지 이해하려는 자세를 가져야 한다. 모든 관계의 갈등은 자신이 알고 있는 것이 가장 확실하다고 생각하는 모순에서 비롯된다.

96억만 개의 세계

우리는 상대와 대화하면서 서로 다른 의견이 나왔을 때 어떤 방식으로 대처하는가? 코칭 심리 전문가이자 타인과의 소통을 돕는 프로그램을 제공하는 'THE 연결'의 김윤나 대표는 베스트셀러로 채택된 자신의 저서 《말그릇》을 통해 다른 사람과 의견이 충돌할 때, 사람들은 두 가지 반응을 보인다고 말했다.

❶ 무시하거나

❷ 강요하거나

무시하거나 강요하는 태도에는 공통점이 있다. 내 생각이 전적으로 옳다고 믿고 자신의 생각에만 빠져 다른 사람의 마음을 들여다보는 노력을 하지 않는다는 것이다. 무시無視라는 말은 '없을 무'와 '볼 시'로 이루어져 있고, 이는 '볼 수 없다'는 의미를 지닌다. 한 글자로 표현하면 '맹盲'으로 표현할 수 있다. 온통 내 생각으로 사로잡혀 상대방의 마음을 볼 수 없다. 그래서 자신과 다른 의견을 가지고 있는 사람과의 대화에서 상대의 의견은 무시하고, 본인의 생각을 강요한다. 나의 생각이 옳다는 것을 증명하기 위해 상대를 입으로 공격하는 방식이다. 상대에게 어떤 사정이 있는지 알아보는 것은 안중에도 없다. 오로지 내 의견이 받아들여질 때까지 정면 승부하는 것이다.

이에 반해 상대방은 자신의 마음을 몰라주고 자신의 말을 무시한다는 생각이 들수록 마음이 상하게 된다. 자신의 말이 부정당하는 상황에서 기분이 좋을 사람은 아무도 없다. 말이 더해질수록 그 사람과의 관계는 멀어지게 되고, 결국 감정싸움으로 이어지고 만다. 김윤나 대표는 "말그릇이 넉넉한 사람들은 한 사람의 공식 안에는 그들만의 사정이 있음을 알고 있다." 하라고 기술했다. 상대를 존중하고 배려할 줄 아는 사람은 상대에게 '그렇게 생각하게 된 이유'를 묻고, 이해하려는 노력을 기울인다. 뿐만 아니라 그러한 생각을 인정해준다. 적어도 그 말을 받아들이진 못하더라도, '그런 생각도 할 수 있겠군요'라며 생각의 존재 자체를 인정해준다는 말이다.

상대와의 소통은 바로 이런 마음에서 비롯되어야 한다. 일방적인 방향이 아닌 쌍방향으로 대화하기 위해서는 나와 상대의 차이를 인정해야 한다. 자신에게 '옳음'이 다른 사람에게도 '옳음'이 된다고 생각해선 안 된다. '자신과 타인은 항상 다르다'는 사실을 인정한다면, 모든 인간관계에서 상대와의 유연한 관계를 지속할 수 있다.

자신만의 세계에 갇혀 더 큰 세상을 볼 수 없다면, 사람은 발전할 수 없다. 지구에는 사람이 존재하는 만큼의 세계가 열려 있다. 2018년 기준으로 세계 총 인구수는 약 96억만 명으로 추정된다. 그렇다면 지구에는 약 96억만 개의 세계가 존재한다. 우리는 타인과의 대화를 통해 그 사람의 세계를 듣고, 받아들이면서 자신의 세계를 더 넓힐 수 있다. 두 번 다시 오지 않을 그 사람의 세계를 경험해보기 위해 기존의 세계에서 벗어나 잠시 다른 세계에서 헤엄쳐보는 것도 괜찮지 않은가.

행복을 끌어들이는 긍정의 첫 마디

누군가가 당신에게 헐레벌떡 뛰어와 어떠한 이야기를 꺼내려 한다. 그 이야기는 어떤 내용일까? 그 사람이 어떤 이야기를 꺼낼지 직접 한 번 떠올려보라.

여러분이 떠올린 내용은 데이트 신청이나 기쁜 소식과 같은 긍정적인 내용인가? 아니면 거래가 취소되었다거나 누군가의 부고를 알리는 부정적인 내용일 것으로 예상하는가?

이 테스트를 통해 여러분은 자신이 세상을 낙관적인 자세로 보는지 비관적인 견해로 보는지를 알 수 있다. 우리가 보통 실수를 하거나 잘못을 했을 때, 자신에게 어떤 말을 했는지 생각해보자. '괜찮아. 이번에 알았으니 다음에 더 잘하면 돼'라고 하는 사람이 있는가 하면 '이런 실수를 하다니, 난 진짜 바보야.' 하며 스스로를 자책하는 사람도 있다.

엇갈린 하루

2009년 한글날을 맞이해 MBC에서 〈말의 힘〉이라는 다큐멘터리를 방영한 적이 있다. 각각 다른 병에 밥을 넣어두고, 한 쪽에는 '사랑합니다'라고 긍정적인 말을 해주고, 다른 병에는 '짜증나', '미워' 와 같은 부정적인 말을 하도록 했다. 이 실험은 정확도를 높이기 위해 5군데에서 동일하게 진행했다. 4주 후 결과는 모두를 놀라게 했다. 긍정적인 말을 매일 들었던 병에는 하얀 곰팡이가 피었고, 향기로운 냄새가 났다. 반면, 매일 부정적인 말만 들었던 병에는 썩은 냄새가 나는 새까만 곰팡이가 피어 있었다. 더 놀라운 것은 5군데 모두 똑같은 결과가 나왔다는 것이다. 생각할 수도 없고, 감정을 느낄 수도 없는 식물이나 미생물에게도 말의 영향은 크게 작용한다. 하물며 사람은 어떻겠는가.

2016년 3월 4일 KBS 뉴스광장에서는 서로 다른 두 문장을 보고 어떠한 신체변화가 일어나는지에 대한 실험을 보도했다. 하나는 긍정적인 문장, 또 다른 하나는 부정적인 문장을 각각 보여준 뒤, 3분 동안 신체에서 어떤 변화가 일어나는지에 대한 반응을 살펴보았다. 놀랍게도 스트레스 수치, 심장 안정도 등에서 큰 차이를 보였다. 긍정적인 말은 우리 뇌에 좋은 기분을 전달하는 물질인 세로토닌이 증가하여 실제로도 행복한 감정을 느낀다. 또한 긍정의 마인드를 가지는 순간, 나에게

위기상황이 일어났다 할지라도 그 속에서 기회가 보이고, 그날 하루를 즐겁게 보낼 수 있도록 한다.

한 남자가 아침 출근길을 나서기 위해 자동차에 시동을 걸었는데, 배터리 방전으로 인하여 시동이 걸리지 않은 상황에 놓였다고 가정해 보자. 그는 정비소 직원을 불러 차를 맡기고 대중교통을 이용한다. 오랜만에 버스를 타게 된 그는 차창 밖을 조용히 바라본다. 꽃과 풀들이 우거진 싱그러운 풍경을 감상하면서 그는 생각한다.

'배터리가 방전된 덕분에 여유를 가지고 바깥 풍경을 즐길 수 있게 되었네. 감사한 일이야.'

얼마 후 버스 정류장에서 내려 회사로 걸어가는 길에 카페를 발견하고는 잠시 또 생각에 잠긴다.

'오늘 기분도 좋은데, 동료들을 위해 커피를 사가야지.'

회사에 도착한 그는 동료들에게 사온 커피를 나누어준다. 커피를 받은 동료들은 "감사합니다. 오늘 아침부터 힘이 나네요." 하며 사무실의 분위기를 훈훈하게 만든다. 자신뿐만 아니라 다른 사람들까지 기분 좋은 마음으로 일을 시작하게 된다. 퇴근 후에도 오늘은 '감사한 일들만 있었네.' 하며 좋은 기분으로 하루를 마무리 한다.

반면, 차가 방전되었다는 사실을 안 순간부터 짜증을 내는 다른 한 남자가 있다. 그 남자는 "에이씨, 아침부터 되는 일이 없네"라고 중얼거리면서 대중교통을 이용하기 위해 정류소로 간다. 그러고는 버스를 기다리는 내내 투덜거린다.

"바빠 죽겠는데, 버스는 왜 이렇게 안 오는 거야?"

그는 회사에 도착하고 난 후에도, 사소한 일에 짜증을 내고, 모든 일을 부정적인 시각으로 바라보게 된다. 급기야 스트레스를 해소하기 위해 퇴근길에 술을 마시러 간다. 결국 '나는 왜 이 모양이지?'라고 한탄하며 몸과 마음을 망가뜨린다.

긍정적인 마음을 첫 마디로 내뱉는다면, 오늘 하루는 행복하게 느껴질 것이다. 긍정적인 마음이 계속 이어져 좋은 방향으로 이끌려는 관성에 의해 좋은 결과를 도출시키기 때문이다. 심리학자 데니스 웨이틀리Denis Waitley는 "비관론자들은 모든 기회에 숨어 있는 문제를 보고, 낙관론자들은 모든 문제에 감춰져 있는 기회를 본다"라고 말했다.

우리는 머릿속에 '나쁜 생각'을 하면 그것이 점점 현실이 되어 간다고 느낀 적이 있을 것이다. '나쁜 생각'을 하는 순간부터 우리의 뇌에서는 그 생각에 적합한 것들만 눈에 보이게 되고, 그렇게 되도록 행동으로 이끈다. 결론적으로 사람의 인생은 본인의 사고방식에 따라 결정되고, 사고방식은 긍정과 부정에 의해 완전히 다른 방향으로 뻗어나간다는 것이다.

성공의 비결

미국의 저명한 리더십 컨설턴트인 스탠 비첨Stan Beecham은 저서《엘리트 마인드》에서 "높은 성과를 내며, 성공하거나 성취를 하는 사람들의 비밀은 긍정마인드에 있다"고 말했다. 이들은 긍정의 힘을 너무나도 잘 알고 있다. 뿐만 아니라 이를 잘 활용해 성장의 발판으로 삼고 있다.

영국 전 국무총리인 존 메이저는 총리가 된 후에 기자들에게 "고난의 세월을 어떻게 극복하셨습니까?"라는 질문을 받았다. 이에 그는 "어떠한 상황에서도 비관적인 생각을 하지 않았다. 늘 희망적인 생각을 가지고 살아가면 부정적인 생각이 들어오지 못한다. 하늘은 밝은 표정을 가지고, 긍정적인 사고를 하는 사람에게 복을 가져다준다"라고 말했다.

성공한 사람들은 항상 긍정적인 언어를 사용한다. 긍정적인 성향이 짙은 사람들의 말에는 강한 믿음이 포함되어 있다. 이 말들이 입 밖으로 나오는 즉시 긍정적인 기운을 타고 오른다. 그들은 일반적으로 사람들이 '악'이라고 생각하는 것들을 다른 시선으로 바라볼 줄 안다.

경영의 신이라 불리는 마쓰시타 고노스케는 그가 성공한 비결에 대해 이렇게 이야기하였다. "나는 하늘로부터 세 가지의 은혜를 받았습니다. 가난, 허약, 그리고 무학無學이 바로 그것이지요." 사실 이 세 가지는 '은혜'보다는 '악'이라는 말이 더 적합한 표현이다. 그러나 그는 이 같이 말을 덧붙였다. "가난에서 벗어나기 위해 부지런히 일하게 되었고, 몸이 약하니 건강을 돌보아 80세가 넘도록 살아 있으며, 배우질 못했기 때문에 무언가를 계속해서 배우기를 갈망하니 이것이 저에게는 은혜가 아니고 무엇이겠습니까?"

긍정적인 마인드는 아무리 힘들고, 괴로운 일이 생겨도 꿋꿋하게 버틸 수 있도록 돕는 힘을 지니고 있다. 항상 긍정적인 방법으로 생각하고, 행동하면 생각대로 된다. 모든 것은 자기가 생각하기에 달려 있다. 자신이 비관적인 사고 때문에 자신감을 잃어간다면, 생각하고 있는 방향 자체를 확 바꿔야 한다. 내뱉고 있던 부정의 말들은 잊어버리고, 긍정의 첫 마디로 바꾸어보자. 그 순간, 당신은 긍정의 생각으로 방향을 틀게 될 것이다.

미국 사상가이자 문학자인 헨리 데이비드 소로Henry David Thoreau는 "인간이라면 누구나 의식적인 노력으로 자신의 삶을 변화시킬 능력을 지니고 있다"고 말했다. 우리가 '부정차선'에서 유턴해 '긍정차선'을 타게 되면, 이제는 자신의 의지와 노력으로 가속페달을 밟는 일만 남았다. 부정어를 닥치는 대로 긍정어로 바꾸면 된다. 그리고 매일 한 가지의 주문을 정해 그날 아침마다 그 문장을 습관처럼 되뇌어보자. 그렇게 한다면, 당신은 세상을 바라보는 시각이 달라지고, 자신의 생활에 행복감을 느낄 것이다. 지금 이 순간부터 매일 아침마다 "오늘도 나에게 좋은 일이 생길거야"라고 외쳐보자.

부정어도
표현방식만 바꾸면
긍정어가
될 수 있다

호감형 인간되기

그렇다면 앞에서 언급한 '부정어를 긍정어로 바꾸는 방법'은 무엇인가 구체적으로 알아보자.

먼저 자신의 말을 바꾸기 위해서는 우선 자신이 평소에 어떤 말투를 사용하고 있는지를 점검해야 한다. 노트에 자신이 일상생활에서 자주 사용하는 말은 어떤 말투인지 최대한 많이 적어보길 바란다. 아침에 잠에서 깼을 때, 씻으러 갈 때, 밥을 먹을 때, 학교에서 생활할 때, 또는 직장에서 생활할 때, 친구나 직장 동료와 대화를 할 때, 연인과 만나서 데이트를 할 때 등 일상생활에서 어떤 말을 하는지 꼼꼼하게 적는다. 이 밖에도 화가 나는 상황일 때, 자신이 잘못을 했을 때, 좋아하는 사람을 대할 때, 싫어하는 사람을 대할 때 등 다양한 상황에서 자신의 말을 찬찬히 더듬어 본다. 이렇게 최소 30개 이상 적는 것이 좋다.

이 작업을 마쳤다면, 작성한 것을 바탕으로 긍정의 말과 부정의 말을 나누어본다. 미리 긍정과 부정을 나누지 않고 기록하는 것이 자신의 말투를 정확히 파악하는 데 도움이 될 것이다. 그 이유는 의식적으로 긍정적인 면을 더 많이 쓰려는 본능 때문에 자신이 주로 사용하는 실제 말투와 차이가 생길 가능성이 높다. 따라서 긍정과 부정을 나누는 것은 자신의 말투 리스트 30개 이상을 작성한 후 마지막에 하는 것이 좋다.

사실 습관에는 좋은 습관과 나쁜 습관이 공존한다. 우리가 사용하는 말투도 그렇다. 긍정과 부정의 말로 나눌 수 있다. 부정적인 말은 고쳐야 할 말투이지만, 긍정적인 화법을 사용하는 말투는 그 말을 더 자주 사용하고, 발전시키는 방향으로 나아가 자신만의 트레이드마크로 만들게 된다. 그래서 사람들은 당신을 긍정에너지가 넘치는 사람으로 인식하게 되고, 당신과 더 가까운 관계를 유지하기를 원한다.

끝으로 자신이 어떤 스타일의 긍정화법을 사용하는지 파악했다면, 내가 지금까지 입에 담아왔던 부정적인 언어를 나만의 긍정스타일로 바꾸어 새롭게 태어날 수 있도록 만들어야 한다. 당신의 이해를 돕기 위해 일반적인 예를 들어보겠다.

자신의 부정적인 '말투 목록'에 '벌써'라는 단어를 써두었다. 그렇다면 이를 '아직'으로 바꾸어 말을 만들어보는 것이다. '벌써 10분밖에 안 남았네'라는 말을 '아직 10분이나 남았잖아!'라고 바꾸어보는 것이다. 이는 똑같은 10분이라고 해도 말의 뉘앙스가 완전히 바뀐다. 문장에 담긴 조급함이 단어 하나만 바꾸어도 여유로움이 묻어나는 감정으로 변한다. '이건 도저히 못하겠다'라고 말하는 것보다 '조금만이라도 해보자'라고 바꾸면 말의 에너지 자체가 바뀐다. 똑같은 말이라도 표현 방식을 바꾸면 부정적인 에너지가 긍정 에너지로 전환될 수 있다.

반드시 긍정화법이 아니더라도 여기서 중요한 점은 부정적인 뉘앙스를 풍기지 않는 것이다. 자신의 연인이 오늘 데이트 약속을 제안했을 때, "오늘은 일이 많아서 못 만날 것 같아"라고 말하는 것보다 "내일은 내가 시간을 낼 수 있으니까 우리 내일 만나자" 라고 제안하면 듣는 사람도 자신의 말을 거절당했다는 느낌이 들지 않아 두 사람의 관계가 더욱 돈독해질 수 있다. 또는 "일처리를 이런 식으로 밖에 못하나?"라고 상대를 꾸짖기보다는 "이 부분만 조금 수정하면 훨씬 좋아질 것 같은데"라는 격려를 통해 상대방에게 용기를 북돋아줄 수 있다.

이처럼 자신의 말버릇을 분석하고 부정적인 말을 긍정적인 화법으로 하나씩 대체해 나가면 세상을 보는 관점이 바뀌고, 자신이 생각한 한계를 가능성으로 바꾸게 된다. 뿐만 아니라 자신에 대한 주변 사람들의 인식도 바뀌게 되고, 당신은 호감형 인간으로 거듭날 수 있다.

부모의 말 한 마디

자녀가 있는 부모라면 어딜가나 자식 얘기를 하기 마련이다. 그러나 사람에 대한 평가를 할 때는 특히 더 신경을 써야 한다. 어린 자녀들은 부모의 행동을 항상 주시하고 있다. 아닌 척해도 귀로는 다 듣고 있다는 말이다. 부모가 지인이나 가족들에게 자신을 부정적으로 평가하는 말을 아이가 듣는다면 그 말을 들은 아이는 마음의 상처를 크게 받는다. 엄마가 지인과 수다를 떨면서 "공개수업하는 날에 우리 애 학교에 갔는데, 글쎄 다른 애들은 발표도 다 잘하던데, 우리 애는 소심해서 나서지도 못하더라. 내가 얼마나 속상하던지!"라는 말을 했다.

이 말을 들은 아이는 자기 자신 때문에 부모가 속상하다는 것을 알고는 얼마나 더 속상할까. 가장 사랑하는 사람의 입에서 자신 때문에 힘들어 한다는 말을 들은 아이는 어떤 가치관이 형성될까? 분명 '나'라는 존재는 하찮고, 쓸모없고, 피해만 주는 그런 존재라고 여길 것이다. 자존감은 한없이 무너지고, 험난한 세상을 견뎌낼 힘마저 잃게 될 것이 분명하다.

아이는 부모가 자신을 다른 사람과 비교했다는 사실에 상처를 받고, 자신은 '소심한 사람', '나서기를 잘 못하는 아이'라고 판단해버린다. 모든 상황에 마주칠 때, '나는 소심한 사람'이라는 공식이 적용돼 아이의 모든 결정에 '소심함'이 반영된다. 이렇듯 자녀들은 부모의 평가를 민감하게 받아들인다.

이제 우리는 자식을 하나의 인격체로 바라보고 배려해야 한다. "공개 수업하는 날에 학교에 갔는데, 우리 아이는 수업도 차분하게 잘 듣고, 활동도 꼼꼼하게 잘 하더라. 너무 기특하고 고마웠어." 엄마가 '나'로 인해 기뻐하고, 고마워하기까지 한다면 아이는 얼마나 행복할까.

아이는 엄마의 기대를 실망시키지 않기 위해서 더 열심히 학교생활을 할 것이다.

사람을 평가하는 말을 할 때에는 긍정적인 면에 초점을 맞추고 말해야 한다. 아이가 발표도 잘 하고, 나서는 것도 잘 하기를 원한다면 "우리 아이는 선생님 질문에 대답을 참 잘 하는 걸 보니 발표도 잘 할 거야. 그 모습을 못 봐서 아쉽지만, 다음에 가면 볼 수 있을 거야"라는 식으로 아이의 성격을 바꿀 수 있다.

부모의 말 한 마디가 자녀의 미래를 결정한다는 말은 결코 과언이 아니다. 우리는 아이에게 어떤 말로 상처를 주고 있었는지 되돌아볼 필요가 있다. 매일 밤, 하루를 마무리하기 전에 '오늘은 아이에게 어떤 말을 했지?'라는 반성을 통해 자신의 말투를 고쳐나가야 한다.

긍정으로 가치 올리기

사람의 습관은 무시하지 못한다. 우리가 의식적으로 낙관적인 인간이 되려고 해도, 시간이 지나면 습관에 의해 기존의 생활방식으로 돌아가게 된다. 지속적으로 의식을 가지고 바뀌면 좋겠지만, 너무 완벽하게 잘 하려고 하다 보면 몇 번의 실패에 '내가 이렇게까지 스트레스 받으면서 해야 하나?'라는 생각이 들면서 의욕이 완전히 저하될 수도 있다. 그럴 경우 자신도 모르게 나오는 부정적인 말로 스트레스 받지 말고, 나 스스로가 자신의 말을 인식할 수 있을 때, 한 문장 정도만 바꾸어본다는 생각으로 편안하게 하면 된다.

불쑥 부정적인 말이 나왔다면, 내뱉은 말을 마음속에서 다시 바꾸어보는 것도 좋다. 예를 들어, 물건을 사려고 줄을 섰는데 사람들이 너무 많아서 자신도 모르게 "아, 짜증나. 줄 진짜 길어." 또는 "도대체 언제 내 차례 오지?"라고 말했다고 가정하자. 줄이 조금씩 줄어드는 데도 이는 습관적으로 나오는 말로 자기 차례가 오기 전까지 계속해서 조급한 마음에서 되뇌는 말이다. 이때, 자신이 한 말을 깨닫고 마음속으로 말을 바꾸어 보는 것이다. '줄이 길어서 짜증나지만, 이렇게 많은 사람들이 찾는다는 건 정말 좋은 거라는 뜻이겠지'라며 스스로에게 주문을 거는 것이다.

생각의 방향을 전환시켜주면 줄이 길수록 '신뢰성이 보장되는 물건'이라는 인식이 생긴다. 같은 상황에서 자신이 어떻게 생각하느냐에 따라 그 상황을 받아들이는 마음이 달라진다. 투덜대고만 있을 때는 마음속에서 온갖 짜증이 몰려오고, 얼굴에는 온 인상을 쓰며 부정적인 에너지를 발산시킨다. 반면 긍정적으로 생각하려는 사람은 마음이 평온해지고, 곧 자기 차례가 올 것이라는 기대감에 부풀어 긍정적인 에너지를 내뿜게 된다. 비록 일이 순탄하게 풀리지 않더라도 매 순간 긍정적인 마음을 새긴다면 이 작은 긍정들이 모여 내면에 쌓이고, '티끌 모아 태산'이라는 말처럼 결국에는 좋은 결과를 만들어낼 것이다.

퇴근하기 몇 분전에 나에게 갑작스런 업무가 주어진다면, 누구나 어이가 없고, 화가 나는 일이다. 그러나 '퇴근하려는데 일을 주는 건 무슨 경우야? 오늘은 집에 일찍 가나 했는데, 정말 짜증나네.' 하고 부정적인 생각을 하는 것은 그 상황에서 아무런 도움이 되지 않는다. 계속 투덜대면 자신의 분노는 조금 풀릴지 모르겠지만, 일의 능률과 의욕은 저하된다.

이럴 때일수록 긍정적인 마음으로 받아들이는 것이 자신에게 훨씬 생산적인 방법이다. '일이 갑자기 주어져서 짜증은 나지만, 이 상황을 해결해 줄 수 있는 사람은 능력 좋은 나뿐인가봐. 나에게 승진할 기회를 주신거야. 상사는 일이 갑자기 주어져서 완성도가 높지 못할 거라고 생각하겠지. 이번 일을 완벽히 해내서 상사를 놀라게 해줘야지. 그럼 회사의 인재로 인정받고, 승진할 가능성도 높아지겠다'라는 마음으로 업무를 보면 짜증났던 내 기분이 한결 나아지면서 업무에 집중할 수 있게 된다.

부정적인 말은 피하고, 긍정적인 말로 나의 내면을 채워보자. 밀려오는 분노를 잠시 접어두고, 낙관적인 생각을 한다면 어느 순간, 크게 성장해 있는 나의 삶과 마주치게 될 것이다.

자기중심적 사고는 상대를 공감하지 못한다

내가 상대방과 배드민턴을 치고 있다고 가정했을 때, 상대가 어린 아이라면 속도는 천천히 그리고 위치는 정확한 공을 전달해주어야 한다. 반면 상대가 운동을 잘하는 사람이라면 잽싸게 치고 빠지는 기술을 사용하여 공을 전달해주어야 한다. 대화도 이러한 원리와 똑같다. 상대와 '핑퐁'이 잘되기 위해서는 상대의 눈높이에 맞춘 말을 던져야 한다.

눈높이 대화

존 F. 케네디John Fitzgerald Kennedy는 자신의 취임연설에서 듣는 사람을 배려해 적절한 언어를 구사하여 큰 공감을 이끌어낸 것으로 유명하다. 취임사를 준비한 참모들은 '우리는 오늘 정당의 승리가 아니라 민주주의의 성찬을 축하한다.'라는 문구를 기재했다. 그러나 케네디는 국민들이 '민주주의의 성찬'이라는 말을 받아들이기가 어렵게 느껴질 수 있다고 판단하여 '자유를 축하한다'라는 쉬운 표현으로 바꾸어 말하였다. 청자의 수준과 연령 등을 잘 고려한 그의 행동이 국민과의 입장 차이를 좁힐 수 있었고, 충분한 공감을 끌어내는 데에 한몫했다. 이처럼 대화를 통해 공감을 형성하려면 듣는 사람의 눈높이에 맞추어 말을 하는 것이 좋다.

우리는 학교나 직장에서 일방적으로 상대의 말을 들어야 할 상황에 자주 직면하게 된다. 초등학생 시절, 대부분의 학교에서는 아침 조회를 했다. 운동장에 모든 학년이 나와 국민체조를 하고 난 후, 교장선생님의 조회 말씀을 듣는다. 그러나 우리는 교장선생님의 말씀을 듣고 나면 기억나는 내용이 하나도 없다. 그 이유가 무엇일까?

교장선생님의 말은 아이들의 공감을 끌어내지 못하고, 일방통행 방식으로 전달했기 때문이다. 아이들에게는 전혀 관심 없는 주제와 내용으로 다가가려고 하다 보니 결국 듣는 이가 하나도 없는 것이다. 만약 교장선생님께서 요즘 초등학생들은 어떤 TV프로그램을 보는지, 또는 어떤 만화에 관심을 가지고 있는지에 대해 파악하여 조회시간에 전달하려는 내용과 연관지어 표현을 했다면, 아이들은 교장선생님의 말씀에 자연스레 귀가 쫑긋해졌을 것이다.

교정반사

인간에게는 상황이나 사물을 바르게 잡아주고자 하는 욕망이 내면에 존재한다. 이를 '교정반사'라고 한다. 상대방의 문제점을 알게 되면 적극적인 자세로 고쳐주고자 하는 욕구가 발동한다. 그러나 이러한 욕구는 상대의 마음을 보지 못하고 자기중심적인 사고로 이끈다.

나에게는 두 아이가 있다. 두 아이 모두 조산원에서 낳기를 희망했지만, 둘째 아이는 병원에서 낳았다. 34주에 조산 진통으로 급하게 입원을 한 뒤로 정상 분만을 하기 위해서는 최소 2주 동안은 배에 힘이 들어가지 않도록 안정과 휴식을 취해야 했다. 그러나 나는 육아를 병행해야 했던 터라 17개월 된 아이를 안고, 업고 하다 보니 무리를 할 수밖에 없었다. 그래서 결국 양수가 터지고 말았다. 양수가 먼저 터지면 아기에게 감염위험이 있어 24시간 이내로 분만을 해야 했다. 그런데 하루가 지났는데도 진통이 오지 않았고, 조산원에서는 이쯤이면 병원에 가야한다고 전했다.

결국 다음 날 아침, 병원에 갔다. 원장님께 "어제 아침에 양수가 터져서 왔습니다"라고 말하고 뒤의 정황을 말하려 하는 찰나에 원장님께서는 내 말을 가로채시면서 "이때까지 뭐하고 있었어!? 그럼 빨리 왔어야지!" 하며 화를 내셨다. 물론 아기가 걱정되는 마음에 그렇게 말씀하셨겠지만, 부모인 나의 마음은 얼마나 더 불안했을까. 나는 걱정이 되어 몇 번이고 조산원에 전화해보고, 밤잠을 설쳐가며 부랴부랴 병원으로 달려간 것이었다.

그러나 원장님께서는 환자의 속사정을 이해하고 공감하려는 자세보다는 자신의 입장에서 환자를 판단해버렸다. 후에 정황을 잘 말씀드렸더니 원장님께서도 "그런 사정이 있었구나." 하고 공감해주셨지만, 때는 이미 늦었다. 나의 불안감은 더 고조되었고, 환자에게 그렇게 밖에 말을 하지 못하는 의사에게 실망감을 느꼈다. 의사는 안타깝고, 걱정되는 마음에서 하는 말일 수 있지만, 환자에게는 책망하는 말로 들린다.

환자에게도 그럴 수밖에 없었던 사정이라는 게 있다. 환자와 의사에게 놓인 현재 상황은 이전에 벌어진 일이라 책망한다고 해서 되돌릴 수 있는 상황이 아니다. 질책한다고 해서 달라질 것이 없는 대화라는 말이다. 그 상황에서 의사가 환자에게 가장 우선적으로 해야 될 일은 불안에 떨고 있는 환자의 마음을 보살펴주는 것이다. 내가 겪었던 상황처럼 상대는 '너를 위해서 하는 말이야'라고 하지만, 그 말의 본뜻은 결국 '네가 문제야'라는 의미를 담고 있다. 또한 이 상황을 빌미로 상대방을 가르쳐야겠다는 마음이 더 강하게 남아 있다. 상대방은 위로나 공감을 받고 싶은 마음에 말을 꺼냈는데, 당신이 '그렇게 하지 말고, 이렇게 했어야지'라는 말을 한다면 오히려 더 좌절감에 빠질 수 있다는 사실을 명심하자.

사람은 누구나 자기 자신의 이야기를 하고 싶어한다. 상대의 말을 듣는 중에 자신의 이야기를 하고 싶어 끼어들 기회를 엿보는 사람들이 있다. 이들은 대화할 때 '그게 아니라', '그건 별것도 아니야'라는 말로 상대방의 말을 자르고, 자신이 대화를 점령하려 든다. 상대를 옹호하거나 상대를 위해 하는 말인 듯하지만, 끝까지 들어보면 자신을 드러내는 말에 더 가깝다.

이런 사람들의 심리는 본인의 이야기는 재미있고, 상대의 말은 뻔한 스토리라는 선입견을 가지고 있다. 또한 자신이 알고 있는 지식을 인정받겠다는 욕심에 앞서 상대가 이야기할 때 속으로 어떤 말을 꺼낼지 생각한다. 그러다 보니 상대의 말에 집중할 수 없게 되고, 무슨 말을 했는지 그 말을 놓치게 되는 것이다.

남들에게 관심을 받고 싶어 하는 마음은 인간의 본능이다. 자신과 관계없는 대화는 지루함을 느낀다. 자신의 이야기만 하려는 이유도 여기에 있다. 그러나 상대방과의 원활한 관계를 유지하는 것은 어찌 보면 간단하다. 주인공이 되고 싶어 하는 사람을 위해 기꺼이 조연을 해줄 수 있는 사람이 되면 된다. '내 생각에는 말이야'라고 하면서 자신의 말을 하기보다는 오히려 '그랬구나', '더 이야기 해줄래?', '네 생각은 어때?' 하며 상대방의 말에 공감해주면 된다.

장자莊子는 마음을 비우고, 자신의 존재 전체로 듣는 것을 공감이라 하였다. "영혼으로 들을 때에는 몸이나 마음 같은 어느 한 기능에 국한되지 않는다. 이런 기능들이 비워졌을 때 비로소 존재 전체로 들을 수 있다. 그러면 바로 앞에 있는 것을 그대로 직접 파악할 수 있게 된다. 그것은 절대로 귀로 듣거나 마음만으로 이해할 수 없는 것들이다."

공감은 상대방이 자신의 표현을 충분히 할 수 있는 시간과 공간을 제공하는 것이다. 그러므로 상대가 충분히 이해 받았다는 느낌을 받을 수 있도록 자신의 모든 관심을 집중해서 들어야 한다.

심층 공감

미국의 심리학자 칼 로저스Carl Rogers는 "공감은 다른 사람의 개인적인 지각 세계 안으로 들어가 그 사람의 경험을 함께 나누는 것이다"라고 말했다. 그는 공감을 표면적인 공감과 심층 공감으로 나누어 설명했다. 표면적인 공감은 상대의 말과 행동 등 겉으로 들어나는 감정을 알아주고 이해해주는 공감을 말한다. 예를 들어, 길을 가다가 갑자기 넘어져 아파하는 사람에게 다가가서 "어머! 괜찮아요? 많이 아프시죠?"라고 하면 이는 표면적으로 공감한 사례다. 반면 "많이 창피하시죠? 저 같아도 그랬을 거예요"라고 말하는 것은 심층 공감이다. 즉, 심층 공감은 상대가 느끼고 있는 속마음을 이야기하여 공감을 이끌어내는 것이다.

술 한 잔 하면서 회사동료에게 "내가 이런 대우 받으면서까지 회사 다녀야겠어? 내일 당장 사표 쓸 꺼니까 아무도 말리지 마!" 하고 말하는 사람이 있다. 이 사람은 겉으로는 강한 척 하지만, 속마음은 얼른 나의 상처받은 마음을 알아달라고 애원하고 있는 중이다. "회사생활이 다 그렇지. 네가 참아"라고 위로하거나 "그래, 이왕 이렇게 된 거 사표 쓰는 게 더 나을지도 몰라." 하고 말했다면 표면적인 공감을 한 것이다. 이 경우 말 자체는 상대를 격려하는 말이지만, 그 사람의 본심을 달래주지는 못한다.

그는 '사표를 쓰겠다'고 말은 그렇게 했지만, 본심은 상사에게 능력을 인정받고 싶은 마음을 동료들에게 하소연하고 있는 것이다. 심층 공감을 잘하는 사람이라면, "속상했겠다. 너의 실력을 멋지게 증명할 기회였는데, 상사가 몰라주니 화가 날 만하네!" 하며 그의 상처받은 마음을 알아주고 달래준다. 이렇게 상대의 본심을 파악하기 위해서는 상대방이 하는 말뿐만 아니라 눈빛, 목소리, 말투 등 비언어적인 요소까지 자세히 들여다보고, 그 속에서 상대가 느끼고 있는 감정을 읽어내야 한다.

현대 심리학의 3대 거장으로 불리는 알프레드 아들러Alfred Adler는 "우리의 모든 고민은 인간관계에서 비롯된다"라고 말했다. 우리의 삶은 인간관계와 떼려야 뗄 수 없는 관계를 맺고 있다. 조금만 배려하고 관심을 기울이면 모두가 감정 상하는 일 없이 잘 지낼 수 있다. 원활한 인간관계를 유지하기 위해서는 자신의 말을 잠시 내려놓고, 상대를 위해 자신의 모든 관심을 한 곳으로 모을 줄도 알아야 한다.

속마음을 알아주면 분노는 자연스레 사라진다

우리는 분노가 끓기 시작하면 이성을 잃어버리기 쉽다. 화를 내고 있다는 것은 스스로 자신의 감정을 제어하는 기능을 잃었다는 의미이다.

2015년 5월 29일, 헤럴드경제에서는 한 기사를 보도했다. 모바일 게임을 하던 30대 남성이 자신보다 어린 사람이 반말을 한다는 이유로 말다툼이 벌어졌다. 말다툼이 심해지자 두 사람은 만나서 단판을 짓자는 제안을 했고, 30대 남성은 분노를 제어하지 못해 흉기까지 준비했다. 그러고는 결국 현장에서 범행을 저질렀다.

처음에는 단순한 대화로 시작했지만, 말 몇 마디 거칠게 주고받다 보니 결국 말다툼으로 번진 것이다. 이미 서로의 자존심에 상처를 남겼으니 나오는 말이 공격적일 수밖에 없다. 이러한 상황뿐만 아니라 우리는 일상생활에서도 서로에게 감정 상하는 표현들을 아무렇지 않게 사용하고 있다. 오가는 대화에서 분노를 주체하지 못하고 이성을 잃으면 결국 한 번뿐인 인생에서 돌이킬 수 없는 심각한 일들이 벌어질 수 있다.

인간이 화를 내거나 스트레스를 받게 되면 뇌에서는 노르아드레날린noradrenaline이라는 독성물질을 분비하게 된다. 이 물질은 스트레스 호르몬으로써 신체 면역력을 저하시키고, 질병에 쉽게 감염되며 노화를 빨리 진행시킨다. 분노를 느끼는 것은 자신을 내부적으로 서서히 죽이는 행위이다. 당신이 스스로 자신을 죽이고 싶지 않다면 분노가 내면에서 폭발하기 전에 감정을 다스릴 줄 알아야 한다.

이분화된 감정

우리는 자신의 본심과는 다르게 엉뚱한 표현으로 갈등을 빚는 경우가 많다. 인간은 솔직한 감정표현 한 마디를 못해서 불필요한 말들을 한다. 자신의 의도를 직설적으로 말하기 부끄러워서 또는 본심을 말하는 것은 어리광 부리는 행동이라고 생각하는 등 다양한 이유로 자신의 의견을 표현하는 방식이 서툴다.

연인 관계에서 흔히 나오는 말들 중에 "너는 날 사랑하긴 하니?"라고 말하는 경우는 '상대가 나를 더 사랑해주었으면 좋겠다'라는 속마음이 숨어 있다. 솔직하게 "나를 더 사랑해줘"라고 말할 수도 있지만, 속마음을 말하자니 자존심이 상하고, 어린아이처럼 투정부리는 듯한 느낌이 들어 괜히 상대를 책망하는 말투로 물어보게 되는 경우이다.

또 상사가 승진과 관련된 중요한 업무를 제안할 때, "저는 못합니다"라고 거부하는 말에는 '그 업무를 맡고 싶지만, 실패할까봐 두렵다.'는 속뜻이 담겨 있다. 이런 경우 두려운 마음을 상사에게 들키고 싶지 않아 자신의 마음과는 전혀 다른 말을 하게 된다. 그 업무를 해내지 못할까봐 스스로 부정적인 감정에 압도되어 그 너머에 있는 자신의 속마음을 챙기지 못하고, 오히려 감정 숨기기에 바빠 자신의 본심을 헤아리려고 하지 않는다. 결국 자신의 속마음을 알게 될까봐 두려운 마음이 목소리를 높이거나 화를 내는 듯한 행동으로 보이게 되는 것이다.

'좋아' 또는 '싫어'처럼 감정을 이분화시키는 사람은 자신의 감정을 잘 다루지 못하는 사람이다. 자신이 좋아하지 않는 모든 일에 분노를 느껴 불같이 화를 내는 것도 이러한 이유에서다. 그러나 이런 말투들은 상대에게 나의 본심이 전달되지 않는다. 서로 감정만 상하게 만드는 표현이기 때문에 인간관계가 원활하지 못하고, 갈등을 빚게 된다. 그렇다면 우리가 솔직한 감정을 잘 표현하려면 어떻게 해야 할까?

1차적 감정

현재 내기업과 관공서 등 다양한 기관에서 강연을 하고 계신 아도트 커뮤니케이션의 도다 구미 대표는 저서 《가슴에 바로 전달되는 아들러식 대화법》에서 인간의 감정에 대한 내용을 다루었다. 그는 인간이 분노를 표출하기 이전에 느꼈던 감정을 '1차적 감정'이라고 부른다. 1차적 감정은 슬픔, 곤혹, 불안, 초조, 외로움, 걱정 등의 다양한 감정들이 여기에 속한다. 1차적 감정이 충족되지 않았을 때 우리는 '분노'를 느끼는 데, 이를 '2차적 감정'이라고 한다.

우리는 2차적 감정인 '분노'의 저변에 1차적 감정을 찾는 것이 중요하다. 이 감정 안에 표현하고자 하는 핵심이 모두 들어 있기 때문이다. 단, '참자, 내가 참아야지.' 하며 감정을 억압하는 방법은 분노를 가라앉히는 데에 전혀 도움이 되지 않는다. 이는 오히려 벌어진 상황에 대한 반발심만 생긴다. 분노를 효과적으로 잠재우기 위한 방법은 딱 한 가지다. 숨어 있는 1차적 감정을 헤아려주는 것이다.

타지에서 생활하고 있는 한 여자가 있다. 그녀의 엄마는 항상 딸이 걱정돼 자주 전화를 걸어 안부를 묻지만, 그때마다 그녀는 엄마에게 전화하지 말라며 화를 낸다.

"우리 딸, 잘 지내니?"

"엄마, 나 잘 지내니까 전화 좀 그만 해."

"우리 딸 잘 하고 있는지 궁금해서 그렇지."

"엄마, 내가 애야? 나도 다 컸다고. 내가 알아서 해."

"우리 딸 몸도 약해서 엄마가 챙겨줘야 하는데, 미안하다. 밥은 잘 먹고 다니니?"

"아, 잘 먹고 다닌다니까? 그런 거 물어볼꺼면 전화하지 마!"

딸은 엄마가 말하기도 전에 전화를 끊어버렸다. 그리고 어두운 표정으로 고개를 푹 숙이더니 전화기만 만지작거렸다. 사실 그녀는 어린 시절에 소아암을 앓았고, 오랫동안 항암치료와 수술을 받았다. 수술비를 마련하기 위해 엄마는 밤낮으로 일을 해야만 했고, 매일 자신을 보며 눈물을 흘리는 엄마에게 미안함을 느꼈다. 다행히 병은 3년 만에 완치가 되었고, 퇴원한 그녀는 더 이상 엄마에게 짐이 되고 싶지 않았다. 엄마가 자신을 걱정하고, 챙겨주는 말을 하면 어릴 적 기억이 떠올라 괴로웠다. 그래서 그녀는 고마움과 미안함을 짜증으로 표현하게 된 것이다.

만약 그녀가 자신의 솔직한 감정을 잘 헤아려주었다면 어땠을까? 우선 그녀는 엄마에게 짜증을 내기 이전에 '내가 엄마에게 느끼는 감정은 무엇일까?'라고 생각해볼 것이다. 그녀는 어린 시절을 떠올리며 힘든 시기를 보냈을 엄마에게 미안함과 고마움을 느끼고 있다는 사실을 깨닫게 된다. 두 번째로 그녀는 '그렇다면 왜 나는 엄마에게 화를 내는 것일까? 이 감정이 나에게 무엇을 말해주고 싶은 걸까?'라고 심층적으로 해석해볼 수 있다. 결과적으로 말하면 그녀는 엄마에게 풀이 죽어 있는 모습을 보여주고 싶지 않았고, '하루하루 바쁘게 살고 있다', '스스로도 잘 할 수 있다'는 뜻을 전하고 싶었다. 하지만 쑥스러운 마음에 '귀찮다'는 감정으로 표현하는 것을 알 수 있다.

그러나 상대방에게 자신의 솔직한 감정을 말하지 않으면 상대는 당신의 마음을 알지 못한다. 조금 쑥스러우면 어떠한가. 부끄러움을 견디고 나의 솔직한 말을 진달하는 첫 힌 미디기 엄마와 나 사이를 진정으로 행복하도록 만드는 시작이다. 그러니 그녀가 엄마에게 "마침 엄마가 보고 싶었는데, 전화해줘서 고마워. 나는 잘하고 있어. 이제 내 걱정 안 해도 돼. 엄마는 어때? 잘 지내고 있어? 엄마가 행복하면 나도 행복해. 그러니까 내 걱정하지 말고 엄마가 행복하게 살았으면 좋겠어. 엄마, 사랑해"라는 말을 해준다면, 엄마는 딸의 진심을 들을 수 있고, 실제로도 마음이 놓이게 된다. 그리고 그날, 딸의 '사랑해'라는 말을 되뇌며 행복한 하루를 보낼 것이다.

미국의 정신분석학자 롤로메이Rollo May는 "성숙한 사람은 여러 가지 감정의 미묘한 차이를 마치 교향곡의 여러 음처럼 정열적인 것부터 섬세하고 예민한 느낌까지 모두 구별할 능력이 있다"고 말했다.

자신의 사소한 감정까지 잘 이해하고, 그 욕구를 적절하게 해소시켜주는 것이야말로 진정한 어른으로 거듭나는 과정이다. 분노를 표출하기 이전에 '자신이 분노 속에 느끼고 있는 감정'을 파악하고, '그 감정이 왜 분노를 일으키는지'에 대해 생각해보자. 이는 감정에 휘둘리지 않고 내뱉을 말을 가려낼 수 있는 판단력을 주기 때문이다. 또 마음을 다스릴 줄 아는 사람은 자신의 감정으로부터 자유로워질 수 있기 때문이다.

나쁜 감정은 없다

사람들은 속상함, 상실감, 슬픔 등 부정적인 감정들을 '나쁜 감정'이라 여기고 상대에게 드러내기를 꺼린다. 그러나 사실 감정 자체에는 나쁜 것이 없다. 우리가 '나쁜 감정'이라고 여기지만, 슬픔, 우울함, 외로움과 같은 감정들을 느낄 수 없다면 긍정적인 감정 또한 느낄 수 없다. 상실감이라는 감정을 느끼지 못하면 무언가를 얻게 되었을 때 감사함을 가질 수 없고, 슬픔을 느낄 수 없다면 우리는 기쁨마저 느끼지 못한다. 따라서 부정적인 감정들의 존재 자체를 인정해주면 긍정적인 감정을 느낄 수 있다. '나는 지금 속상한 거야.' 하고 충분히 느끼면 속상한 마음이 공감되면서 감정이 해소된다. 즉 자신의 감정을 있는 그대로 받아들이고 인정하면 내면에 또 다른 감정이 들어올 자리가 생기는 것이다.

소개팅 자리에서 처음 본 두 사람이 어색한 분위기 속에 앉아 있는 모습을 떠올려보자. 이때, 남자가 자신의 감정을 숨기고 "ㅇㅇ씨, 처음 보자마자 눈부셔서 반했습니다"라는 말을 했다. 사실 이런 말은 작업멘트처럼 들려서 진정성이 느껴지지 않는다. 그러나 어색한 감정을 그대로 말하는 남자에게는 솔직함이 느껴짐과 동시에 자신과 같은 마음을 느끼고 있었다는 사실에 편안함을 느낀다.

"소개팅이 처음이라 좀 어색하네요. 그렇죠?"

"아, 네. 어색하네요."

"같이 어색하다니 다행이네요. 근데 가끔 이렇게 어색한 것도 괜찮은 거 같아요. 나중에 친해지면 이럴 기회가 없잖아요."

이런 소소한 대화를 나누면 서로의 마음이 한결 편안해진다. 거창한 멘트를 준비할 필요도 없다. 어색하면 어색한 대로 솔직한 마음을 개방하면 상대도 '어? 나랑 같은 생각을 하고 있었네'라고 공감하면서 자신과 '같은 편'이라고 생각하게 된다. 자신의 속내가 드러났으니 더 이상 가식적인 말들로 포장하지 않아도 된다. 대화는 자유로운 분위기에서 이루어지게 되고 두 사람 모두 대화를 부담 없이 즐길 수 있게 된다. 떨리고 긴장되는 부정적인 감정을 감추려 하면 더 오랫동안 그 감정을 가지고 있을 수밖에 없다. 지금 느끼는 감정을 흘려보내야만 또 다른 감정이 떠오른다.

당황스러운 상황을 견디기 위해 꾸며낸 말을 하는 대신 '당황스러움'을 알아차리고, 자신의 마음속에서 나타나는 그 감정을 말하면 된다. 있는 그대로, 자신을 감추거나 꾸미려고 하지 않으니 자신의 마음을 들킬까봐 두려워할 필요도 없다.

감정은 마음속에서 활개를 치다가도 자신의 이름을 정확히 불러주면 더 이상 날뛰지 않는다. 출구를 찾아 쑤욱 빠져나가고, 비어 있는 마음에 또 다른 감정이 채워진다. 자신의 본심과는 다르게 말하는 것은 자신의 감정을 제대로 인식하지 못한 오류에서 나오는 말이다. 우리는 대화 속에서 자신의 감정을 얼마나 잘 이해하는지 또는 제대로 된 표현을 하고 있는지에 대해 곰곰이 생각해볼 필요가 있다.

인생은 해석하기 나름이다

길을 가다가 지갑을 잃어버렸다고 가정해보자. 그 순간의 기분은 누구나 나쁠 것이다. 하지만 그 이후에 어떻게 생각하느냐에 따라 기분은 달라진다. 긍정적인 사고가 가능한 사람은 '이왕 잃어버린 거 그 돈이 꼭 필요한 사람에게 갔으면 좋겠네'라고 생각할 것이다. 반면 비관적인 사고를 하는 사람은 지갑을 잃은 사실이 억울해 부정적인 생각이 머릿속에서 계속 맴돌 것이다. 그리고 '물건을 잃어버리다니. 오늘은 재수가 없네.' 하며 그날 하루를 망치게 된다.

사건풀이 방식

영국의 극작가 윌리엄 셰익스피어William Shakespeare는 "본래부터 좋거나 나쁜 일은 없다. 생각이 그렇게 만들 뿐이다"라는 말을 남겼다. 인간은 어떤 상황이 닥쳤을 때, 본인의 관점으로 상황을 해석하는 경향이 있다. 사건 자체는 좋다, 나쁘다 판단할 수 없다. 그러나 스스로 '이건 나쁜 상황이야'라고 정의를 내리면 그 사건은 나에게 불행을 주는 사건이 되고, '이건 좋은 상황이야'라고 정의를 내리면 그 사건은 나에게 행운을 가져다준 사건이라고 여긴다.

스트레스 연구자 한스 셀리Hans Seyle는 "사건 자체는 스트레스를 일으키지 않는다. 스트레스의 원인은 사건을 어떻게 해석하느냐에 달려 있다"라고 말했다. 사건이 발생하면 인간의 마음속에서는 우선적으로 처리하는 과정을 거친다. 그후 가치판단, 경험, 사고방식 등을 바탕으로 사건에 대한 감정을 만들어낸다. 이 과정에서 인간은 사건에 대한 평가를 한다.

어떤 사람이 당신과의 약속 시간을 어기고 30분 정도 늦을 것 같다며 양해를 구했다고 하자. 만약 당신이 시간을 굉장히 중요시 여기는 사람이라면 '남의 시간을 소중히 여기지 않는 사람하고는 약속할 필요가 없어!'라며 아마 짜증을 냈을 것이다. 반면 혼자만의 시간을 가지고 싶었던 사람이라면 '모처럼 혼자만의 여유를 가지게 되었네. 잘 됐다.'고 생각하며 이 순간을 기쁘게 받아들일 것이다. 이렇듯 사건 자체는 문제가 되지 않는다. 다만 그 사건을 바라보는 관점에서 문제가 생긴다. 그렇다면 인간의 뇌는 왜 이런 판단을 하게 될까?

나의 상처 깨닫기

인간은 태어나서부터 다양한 경험을 하고, 여러 사람들과의 소통을 한다. 이러한 소통에서 꾸짖음을 당했다거나 좋지 못한 경험이 생기면 성인이 되어서도 그 말에 상처를 받게 된다. "자리 좀 비켜주세요"라는 말에 아무런 감정 없이 "네"라고 말하며 비켜주는 사람이 있는가 하면 '내가 여기 있어서 사람들에게 피해가 되는구나'라고 생각하며 상처를 받는 사람도 있다. 후자의 경우 과거로부터 부모 또는 주변 사람들에게 "네가 거기 서 있으니까 다른 사람이 방해를 받잖아! 좀 비켜!" 또는 "넌 그 자리에 있을 자격이 없어!"라는 말을 듣고 상처를 받았던 경험이 있는 사람이다. '비켜 달라'는 말에서 과거를 떠올리게 되고, 그 말에 상처를 받는 것이다.

그러나 이는 잘못된 믿음이고, 편협된 생각이라는 것을 알아야 한다. 이러한 믿음은 본인이 너무 어려서 상황에 대한 판단을 할 수 없을 때, 부모나 선생님 등 외부에 의해 자신의 의지 없이 상처로 남게 된 경우가 대부분이다. 사람은 원래 상처받은 존재다. 상대의 말에 상처받았다는 감정은 내가 오래 전에 가지고 있던 상처를 들춰본다는 의미이기도 하다. 자신이 직장이나 가정에서 어떤 일로 상처를 받았다면, '내 속에 이런 상처가 있었구나.' 하고 깨달으면 된다. 그렇다면 그 말을 받아들이기가 한결 편안해질 것이다.

부모의 불안이 아이를 망친다

자녀가 학원을 가지 않겠다고 고집을 부리면 부모는 수업 진도를 따라가지 못할까봐 불안감을 느낀다. 자녀가 학교에 자주 지각을 한다면 부모는 성실한 사람이 되지 못할까봐 불안감을 느낀다. 자녀가 학교를 자퇴하겠다고 한다면 부모는 사회 부적응자가 될까봐 불안감을 느낀다.

그러나 이 모든 것은 부모의 생각에 불과하다. 부모의 생각은 모두가 사실이라고는 할 수 없다. 수능 만점자들의 인터뷰만 들어봐도 알 수 있다. 학원 하나 다니지 않고 교과서 위주의 공부를 했다는 사례, 잦은 지각을 한다고 해서 성실하지 않다는 보장이 없다는 사실, 검정고시를 통해 큰 성공을 거두어들인 수많은 인물들만 보더라도 이는 일반적인 인과관계를 바탕으로 판단했다고 하기엔 큰 무리가 있다.

자식 걱정은 부모의 불안감에서 나온다. 진심으로 자식을 걱정하는 이유도 있지만, 실제로 좋지 않은 결과가 나오면 가족과 주변 사람들의 질타가 자신에게 돌아올 것이라는 두려움 때문이기도 하다. 아이가 하기 싫다고 거부하여도 부모는 '사람들이 싫어한다', '병에 걸린다', '키가 안 큰다', '편식이 심해진다' 등 갖가지 이유를 들면서 억지로 시키거나 행동을 강요한다. 부모는 이러한 행동이 아이에게 일반적인 상식을 가르치거나 또는 습관을 길들이기 위해 교육하는 것이라 여긴다. 흔히 밥 먹기 싫어하는 아이에게 부모는 "너 그러다가 키 안 큰다. 그러니 어서 먹어!" 하며 끝까지 음식 먹기를 강요한다.

그러나 아이가 싫다고 하는 일은 실제로 하지 않아도 괜찮은 경우가 많다. 밥 한 번 먹지 않았다고 해서 아이의 키가 크지 않을까? 한 끼 거른다 해서 굶어 죽을까? 그렇지 않다. 어른들도 입맛이 없을 때는 끼니를 거르곤 한다. 입맛이 없어 밥을 먹고 싶은 생각이 없는데, 누군가가 계속 먹기를 강요한다면 이보다 더 고통스러운 일은 없다. 어른들이 아이에게 싫다고 하는 일들을 계속해서 강요하다 보니 아이는 더 반발심을 느끼게 된다.

우리는 쓸데없는 상식이나 습관을 가르치는 데에 집중한 나머지 아이의 행복과 자신의 행복을 들여다보지 못한다. 엄마가 “자기 전에 목욕해야지.” 하고 아이에게 말을 했다고 하자. 그러나 아이는 목욕하기 싫다며 도망가 버린다. 이런 상황에서 “목욕을 안 하면 병에 걸려.” 하며 아이를 강제로 욕조에 들어가게 한다면, 아이는 목욕에 대한 부정적인 인식이 자리 잡히게 된다. 뿐만 아니라 아이와 실랑이를 하느라 본인도 굉장히 지칠 것이다. 반면에 엄마가 “그래, 하루 정도는 목욕하지 않아도 괜찮아. 네가 목욕하고 싶을 때 해.” 하며 아이의 의견을 존중해준다면 아이는 목욕에 대한 긍정적 인식이 형성되고, 나중에 스스로 목욕을 하려고 할 것이다. 엄마는 아이가 스스로 목욕하려는 모습을 보며 행복감을 느낄 수도 있다.

세상에는 하지 않아도 괜찮은 일들이 많다. 쓸데없는 상식이나 습관을 가르치기 위해 전전긍긍하는 것보다 자신과 아이의 마음에 집중하는 것이 더 바람직한 자세라고 볼 수 있다. 자녀에 대한 걱정은 부모 스스로가 만들어낸 감정이다. 부모가 아이를 조금 자유롭게 놓아준다면 아이는 스스로 판단력을 기르고, 자신이 선택한 만큼 책임감도 커진다. 자녀를 위해서라도 상식이나 습관과 같은 정해진 틀에서 벗어나 유연한 사고로 상황을 해석하고 행동할 줄 알아야 한다.

내 감정 책임지기

19세기 러시아 문학을 대표하는 소설가 레프 톨스토이Leo Tolstoy는 이렇게 말했다. "모두가 세상의 변화를 꿈꾼다. 하지만 자신의 변화를 생각하는 이는 아무도 없다." 자신을 불행하게 만드는 상황에 직면했을 때, 우리는 그 상황을 해결하기 위해 할 수 있는 가장 빠르고 확실한 방법은 바로 자신을 스스로 변화시키는 것이다.

사람들은 'ㅇㅇ때문에 어쩔 수 없이 이런 상황이 생겼어'라며 외부에서 원인을 찾는 것에 익숙해져 있다. 그러나 우리가 상황을 부정적으로 보는 것은 결코 외부의 자극 때문이 아니다. 자신의 의지와는 상관없이 일어나는 모든 일들이 우리의 느낌에 자극을 줄 수는 있어도 느낌의 원인이 될 수는 없기 때문이다. 자신이 느끼는 감정의 원인은 본인에게 있다. 자신이 느끼는 감정에 책임을 지지 못하고, 타인이나 상황 등 외부적인 요소로 떠넘기는 표현을 하기 때문에 실제로도 그렇다고 느끼는 것이다.

우리가 보는 눈을 새롭게 하기 위해서는 자신에게 일어나는 일 모두 본인의 선택 의지가 포함되어 있다고 말해야 한다. "ㅇㅇ때문에 ㅇㅇ을 느낀다"라고 말하는 대신 "나는 ㅇㅇ라고 생각해서 ㅇㅇ라고 느낀다."

또는 "나는 ㅇㅇ라고 판단했기 때문에 ㅇㅇ라고 느낀다"라고 바꾸어 말해보자. 언뜻 보이기에는 별 차이가 없어 보이지만 차이가 크다. 감정의 책임을 어디에 두느냐에 따라 해결방안을 찾는 능력이 생기기 때문이다.

부장님이 직원들에게 "오늘 우리 단체회식 있는 거 아시죠? 한 명도 빠짐없이 참석하세요!"라고 말했다고 가정해보자. 당신은 사람들이 많고, 시끌벅적한 분위기를 별로 좋아하지 않는다. '먹고 죽자'는 분위기보다는 한두 잔 기울이며 기분 좋게 대화하며 상대를 알아가는 분위기를 더 선호하는 편이다. 이때, 당신이 '회식 때문에 짜증이 난다'라고 생각한다면 그 짜증나는 감정은 '회식'이라는 외부적인 요소에 의해 생겼다고 여긴다. 즉, 짜증은 나지만 그렇다고 회식을 가지 않을 수는 없으니 회식에 참석하는 것이 행동을 강요받았다고 생각한다.

그러나 그가 '나는 시끄럽고, 정신없는 분위기를 싫어하기 때문에 회식에 참석하는 것이 짜증난다'라고 했다면 그는 상황에 대한 선택 의지를 가질 수 있게 된다. 사람들이 많고, 떠들썩한 분위기를 좋아하지 않아서 회식에 참석하기 싫다면, 가서 그렇지 않은 분위기를 찾으면 된다. 떠들썩하게 놀고 있는 일행을 관망하고 있는 사람을 찾으면 된다. 회식 자리는 평소에 잘 알지 못했던 직원과 대화할 수 있는 기회라고 생각하는 것이다. 평소에 거의 대화를 나눌 기회가 없었던 다른 부서에 소속된 사람과 이야기를 나누게 되면 그 부서의 업무 환경에 대한 의견도 듣고, 회사에 관한 좋은 정보도 얻을 수 있다. 마지못해 참석하는 것보다는 자신에게 이로운 시간으로 활용할 수 있도록 하는 것이다.

프랑스 소설가 마르셀 프루스트Marcel Proust는 "새로운 풍경을 찾는 대신 보는 눈을 새롭게 하라"는 말을 남겼다. 주어진 상황에 불만을 가지고 투덜대기만 한다면, 인간은 발전할 수가 없다. 그 상황을 바라보는 자신의 시각을 바꾸어 나를 더 발전시킬 수 있는 기회로 이끌어갈 수 있는 사람이 진정 현명한 사람이다.

갈등의 원인은 남 탓에 있다

부부싸움을 지켜보고 있으면 그 패턴은 대부분 비슷하다. 한 가족이 오랜만에 먼 곳으로 가족여행을 가기로 했다. 남편은 곧 출발하기 위해 싸놓은 짐들을 차에 싣고 있었다. 아내는 아이의 짐까지 싸느라 정신이 없었다. 남편이 마지막 짐을 실러 가고 있을 때, 아내가 "여보, 이거까지 실어줘요"라고 말하며 뒤늦게 화장을 하러 갔다. 그리고 모든 짐을 다 실었다 생각하고 가족들은 출발했다. 거의 도착할 쯤에 차가 심하게 덜컹거려 아이가 마시고 있던 음료수를 옷에 쏟아버리고 말았다. 옷이 흥건하게 젖어 갈아입히려던 찰나에 아이의 짐 가방이 없는 것을 확인하고는 아내가 남편에게 버럭 화를 냈다.

"내가 짐 가방 실어달라고 했잖아요!"

"언제 그런 말 했어? 나는 못 들었는데?"

"맨날 못 들었대. 내가 말하고 있을 때 뭐하고 있었길래 항상 못 들어?"

"당신 준비할 때 나도 짐 실고 있었어! 나도 바빴다고!"

"그러는 게 한두 번이 아니니까 하는 말이지. 늘 이런 식이야. 못 들었다고 하면 끝이야?"

"아, 됐어. 내가 다시는 여행 오나봐라!"

대부분의 말싸움은 이런 식이다. 이 부부는 서로 자기 입장에서만 이야기를 하고 있다. 각자만의 사정이 있어 상대방의 입장이 되지 못한 결과이다. 그렇다면 부부간 말다툼의 원인은 무엇일까? 다양한 이유가 섞여 복합적인 원인이 있을 것이라고 예상하겠지만, 근본적인 원인은 자신의 마음을 몰라주는 것에 대한 서운함이다. 상대가 자신의 뜻을 몰라준다면 섭섭함을 느끼는 것은 당연하지만, 타인은 남이기 때문에 분명 나와 생각도 다르다. 그래서 내 마음을 모를 수밖에 없다.

아무리 친한 사이라도 저마다 생각이나 느낌이 모두 다르다. 확실하게 자신의 감정을 말로 설명해주지 않으면 상대는 당신의 말과 행동에 숨어 있는 진심을 알지 못한다. 이는 상대가 당신의 마음을 모르는 것이 아니라 단순히 인식이나 가치관, 표현의 차이에서 발생한 문제이다. 그럼에도 우리는 자신의 마음을 몰라주는 당신를 탓하곤 한다. 탓하는 말을 들은 상대방은 분노에 사로잡혀 상대의 깊은 뜻을 받아들일 수 있는 이성을 잃게 된다. 결국 속마음을 알지 못한 채 표현한 말을 곧이곧대로 받아들이면서 갈등은 고조된다. 즉 남을 탓하는 말은 착각과 오해를 부른다는 것이다.

말 표현 점검하기

대부분의 사람들은 대화를 통해 상대방을 이해하려는 것보다 자신이 이해받기를 더 원한다. 자신이 상대에게 어떤 말투를 사용했는지는 알아차리지 못하면서 상대가 나에게 어떤 식으로 말을 했고, 그 말에 자신의 기분은 어땠는지에 대해서만 집중한다. 그래서 서로 갈등을 빚게 되면 상대방에게 문제가 있다고 간주한다. 문제의 원인을 자신에게서 찾기보다 타인에게서 찾기 바쁘며, 자신의 지위나 위치에서 나름대로 이유를 만들어 불만을 제기한다.

부하직원이 상사에게 업무와 관련해서 질문을 하면 귀찮아하는 상사가 있다. 상사는 그때마다 "그냥 분위기 맞춰서 하면 돼." 하며 추상적인 말만 해댄다. 그러다 부하직원이 실수를 하게 되면 "처음부터 나한테 자세히 물어봤어야지." 하며 상대를 질책하고, 직원의 탓으로 돌려 책임을 미룬다. 부하직원은 '자기가 설명을 제대로 해줬어야지'라며 상사에게 불만을 품게 된다.

청소년기를 맞이한 자녀를 둔 부모는 침대에 누워서 공부하는 자식을 보며 "누워서 공부하는데 공부가 잘 될 리가 있니?"라며 나무라고, 그들은 "엄마가 이런 거 하나하나 간섭하니 집중이 안 되지." 하며 서로를 탓한다. 사람들은 문제의 원인이 타인에게 있다고 가정하며 상황을 자신에게 유리한 방향으로 끌어당기려 한다.

대화는 혼자서 하는 게 아니다. 쌍방향으로 이루어지는 것이기 때문에 자신이 한 말은 반드시 다른 사람에게 영향을 미치게 된다. 사람들은 자신을 비난하는 말처럼 들리면 자기방어에 나서기 위해 반격한다. 상대방에게 더 심한 비난을 통해서 말이다. 자신의 말이 부드러우면 상대도 기분 좋은 반응을 보일 것이고, 말이 거칠게 나가면 상대방도 거칠게 나올 것이다. 우리는 '왜 내 마음을 몰라주는 것일까?' 하며 상대에게 서운함을 느끼기 이전에 '내 마음을 확실히 전달했을까?'라고 되돌아보는 과정을 우선적으로 해야 한다.

'나' 주어 전달법

남을 탓하는 말 이면에는 '상대가 내 마음을 이해했으면 좋겠다'라는 심리를 가지고 있다. 부모가 아이에게 "너 성적이 이게 뭐니?"라고 했다고 가정하자. 부모는 아이가 받아온 성적을 보고 아이의 탓을 한다. 그러나 이 말의 이면에는 '우리 아이가 성적을 잘 받아오길 바란다'는 의미에서 하는 말이다. 상사가 부하직원에게 "보고를 이따구로 밖에 못하나?"라고 하는 말은 '나를 만족시킬 수 있는 보고가 아니다'라는 본심을 부하직원의 탓으로 돌리는 말로 표현한 것이다. 연인 관계에서 "너 왜 딴 여자 쳐다봐?"라고 하는 말은 '남자친구가 나만 사랑해줬으면 좋겠다'라는 욕구를 드러내는 말이다. 이렇듯 우리가 남 탓을 하는 것은 자신의 욕구가 충족되지 못했기 때문에 나오는 말들이다.

우리는 남 탓을 하는 말투를 쓰는 데에 익숙하다. 자신의 감정을 솔직하게 말하지 않는 이상 우리는 말을 할 때마다 남 탓을 하는 경향이 있다. "네가 공부를 잘하면 엄마는 기뻐." 하는 말은 언뜻 보이기에 긍정적인 말투로 한 말이라고 느껴지겠지만, 사실 이 문장도 남을 탓하는 의미가 들어 있다. 부모의 행복 또는 불행이 아이의 행동에 있다고 말하는 것이다. 아이는 부모의 감정이 자신의 행동에 달려있기 때문에 부담감을 느끼게 된다. 자녀가 공부를 잘하게 되면, 이는 자신의 즐거운 마음에서 우러나오지 않고, 부모님을 기쁘게 해드리기 위한 행동일 뿐이다. 긍정적으로 보이는 말투도 결국 받아들이는 입장에서는 부담감을 느끼게 하는 말투가 될 수 있다.

그렇다면 남 탓을 하지 않고 자신의 욕구를 표출시킬 수 있는 방법이 있을까? 물론 있다. 방법은 간단하다. 자신의 불편한 마음을 들어내야 할 때에는 주어를 '나'로 하여 의견을 전달하는 것이다. 하루 종일 아기를 돌보느라 지친 아내가 아기를 재우다가 그만 잠들어버렸다. 한시도 눈을 뗄 수 없는 아이 때문에 집안은 엉망이 되어 있었고, 남편이 퇴근하고 집에 오기 전에 치우려 했는데, 자신도 모르게 잠들어버렸다. 마침 남편이 집에 들어왔고, 집안 꼴을 보고는 자는 아내를 깨워 이렇게 말했다.

"당신은 집에서 편하게 애나 보면서 집 청소는 왜 안 하냐?"

"편하게 애 본다고? 애 보는 게 얼마나 힘든 일인지 알고나 그렇게 말하는 거야?"

"애 보는 게 뭐가 힘들어? 밖에 나가서 사람들 비위 맞추는 게 더 힘들어!"

"애 우는 소리만 들으면 사람 미친다고! 안아도 울고, 눕혀도 울고! 그것뿐이야? 밥 먹여야 돼, 기저귀 갈아야 돼, 목욕시켜야 돼, 거기다

집안일까지. 할 게 얼마나 많은데!"

"그래도 당신은 집에서 잠시 누울 수라도 있지. 마음은 편하잖아! 당신이 나가서 일해봐! 나는 일 다 때려치우고 집에서 애만 보라고 했으면 좋겠어!"

남편은 어떤 마음으로 이런 말을 했을까? 사람들에게 이리 치이고, 저리 치이면서 가족들 먹여 살리려고 힘들게 일하고 왔는데, 집이 엉망이 되어 있는 모습을 보고 짜증이 났을 것이다. 동시에 집안꼴이 이런 데도 잘만 자고 있는 아내를 보니 살기 위해 본인 혼자만 아동바둥거리고 있다는 생각이 들었을 것이다. 남편은 밖에서 일하고 오느라 많이 힘드니까 자신이 오기 전에 집을 치워놓고, 반가운 마음으로 맞이해 주었으면 좋겠다는 마음을 전하고 싶었을 것이다. 이때, 남편이 아내에게 '나'를 주어로 해서 말했다면 이 대화가 어떻게 흘러갔을까?

"애 보느라 힘들지? 그런데 나도 밖에서 일하고 오느라 너무 힘드네. 쉬고 싶은 마음에 얼른 달려왔는데, 집이 더러워져 있으니까 가족을 위해 나만 발버둥 치고 있다는 느낌이 들어."

"미안해. 아기 재우느라 나도 모르게 잠들어 버렸네. 얼른 집 치울게. 쉬어."

"그래준다니 고마워. 우리 힘든 만큼 서로를 배려해주자. 주말에 내가 잠시 아기 봐줄 테니 좀 쉬어."

"아니야. 매일 힘든데 주말이라도 쉬어야지. 배는 안 고파?"

상대에게 불만을 토로할 때, 상대를 주어로 두고 말하다 보면 듣는 사람은 말투부터가 귀에 거슬리게 된다. 그러나 '나'를 주어로 하여 자신의 감정과 느낌만 표현하는 방식은 상대방의 감정을 건들지 않고, 자신 또한 감정에 휘둘리는 것을 막을 수 있다. 부부간의 대화뿐만 아니라 모든 대화에서도 '나'를 주어로 전달하는 방법은 통한다. 자녀에게 "왜 이렇게 엄마 말을 안 들어?" 하고 말하기보다 "엄마의 말이 통하지 않아서 속상하구나." 하고 말하자. 또는 부하직원에게 "왜 내가 부탁한 대로 안 하는 거야?"라고 말하는 대신 "업무가 안 되어 있으니 무시당한 기분이 드네"라고 표현하도록 노력하자.

《논어》에서는 '군자는 일이 잘못되면 원인을 자신에게서 찾고 소인은 남 탓을 한다'라고 말했다. 자신이 한 말에는 전혀 책임이 없고, 일어나는 모든 문제의 원인은 상대방에게 있다고 하는 대화는 점점 소모전이 되고 관계는 악화될 수밖에 없다. 따라서 남을 탓하며 자신의 감정을 표현하기보다는 상대의 행동에 자신이 느끼는 나의 '감정어'를 말해야 한다. 그러면 자연스레 '나'를 주어로 표현할 수 있고, 서로를 배려하는 말이 나오게 된다.

험담은 자신의 열등감을 드러내는 것이다

상대방을 비난하며 이를 즐기는 사람들이 있다. “걔는 너무 싸가지가 없어.”가 “걔 진짜 이상하지 않냐?” 등 헐뜯는 말로써 상대의 가치를 깎아내리려 한다. 이들은 대개 열등감에 사로잡힌 사람들이다.

인간은 잠재의식에 의해 자신이 어떤 인간인지를 잘 알고 있다. 그래서 자신의 부족함을 애꿎은 상대에게 투영시켜 함부로 말하는 것이다. 이는 상대를 헐뜯음으로써 자신의 부족함을 보상받고 싶은 심리를 표현한 것이다. 따라서 열등감은 상대의 가치를 깎아내려 자신의 심리적 우위를 증명하고 싶은 욕망으로 비난하는 말 속에는 미움과 질투가 공존하며, 그 말 이면에는 자신이 더 칭찬받고 싶다는 욕구가 들어 있다.

유대인의 종교 교육서 《미드라시》에서는 “험담은 세 사람을 죽인다. 말한 자, 험담의 대상자, 그 말을 들은 자”라는 구절이 나온다. 남을 비난하는 행동은 열등감을 스스로 드러내 자신의 얼굴에 먹칠할 뿐만 아니라 대화에 참여하는 사람 모두에게 부정적인 에너지를 나누어 주는 행위이다. 험담한 사람은 상대의 가치를 깎아내려 자신의 열등감이 조금은 해소될지 몰라도 그 말을 듣고 있던 타인은 험담하는 사람의 질투심, 부족함, 흑심 등의 열등감을 꿰뚫어 보고 있다.

자신을 먼저 알라

남을 함부로 평가하고, 그들의 성격은 '좋지 않다'라고 비난하는 것은 교만이다. 비난은 '자신의 말이 다 옳다'라고 여기는 자만에서 나오는 말이다. 그 누구도 남을 비난할 권리는 없다. 성경 마태복음 7장에 보면 "너는 어찌하여 형제의 눈 속에 있는 티는 보면서 네 눈 속에 있는 들보는 깨닫지 못하느냐?"라는 구절이 있다. 자신의 큰 결점은 보지 못하고, 상대의 행동을 비난할 생각만 한다. 이 세상에 완벽한 사람은 하나도 없다. 자신의 눈에 비친 타인의 모습이 아무리 한심하고 못마땅하게 느껴지더라도, 그들을 평가하고 비난할 자격은 누구에게도 없다.

나 자신에게도 부족함이 많은데, 어찌 다른 사람을 나무랄 수 있겠는가. 남을 비난하는 말 중에서 특히 상대의 가능성에 대해 언급할 때는 더 신중해야 한다. "나는 뭐든 잘 될 거야." 하며 자신의 가능성은 무한하다고 여기면서 상대방이 "나는 큰 꿈을 이룰 거야"라고 하면 겉으로는 칭찬해주는 말을 하더라도 속으로는 '에이, 그래도 재는 안 될 거야. 그렇게 쉬운 줄 알아?' 하며 불가능을 암시한다. 그러나 상대의 가능성을 알아주고, 험담하고 싶은 욕구를 이겨내는 것이야 말로 훌륭한 인격을 가진 사람이라고 여긴다.

프란치스코Pope Francis 교황은 "뒷담화만 하지 않아도 성인이 된다"라고 말하였다. 뒷담화란 영어로 표현하자면 'Backbite'이다. '뒤에서 물어뜯는다'는 의미이다. 그 사람 앞에서 할 수 없는 말은 그 사람이 없는 자리에서도 하지 말아야 한다. 앞에서는 당당하게 말하지 못하면서 뒤에서는 자신의 모습이 보이지 않는다는 이유로 상대를 함부로 모함하고, 비하하는 사람의 인격은 어떠할지 말하지 않아도 잘 알 것이라고 생각한다.

남의 가능성과 인격을 격하시키는 사람과의 대화는 늘 질이 떨어지고, 그 순간의 욕구만 해결되는 일시적인 재미밖에 느낄 수 없다. 반면, 상대의 가능성을 알아봐주는 사람과의 대화는 언제나 즐겁고, 보람차다. 따라서 우리는 타인을 평가하기 이전에 자신을 먼저 알고, 살필 줄 알아야 한다. 그러면 어느덧 자신의 가능성이 눈에 보이고, 그것을 키워나가고 있는 자신의 모습을 발견할 수 있을 것이다.

뿐만 아니라 상대가 다른 사람을 험담할 때는 '남의 가능성을 보지 못하는 사람은 자신의 가능성도 보지 못하는 사람이다'라는 말을 새기며 함께 험담하고 싶은 마음을 스스로 다잡아야 한다. 남의 가치를 격하하고, 가능성을 무시하는 사람은 자신의 가능성마저 볼 줄 모르는 사람이다. 이들이 과연 인생에서 무엇을 이룰 수 있을까? 우리가 훌륭한 인격을 갖추고 싶다면 상대의 약점은 축소해서 듣고, 장점은 부풀

려서 들을 수 있는 힘을 길러야 한다.

자신을 과시하기 위해 상대를 함부러 말하는 사람은 그 말이 부메랑이 되어 결국 본인에게 돌아온다. 험담은 우리끼리만 하는 듯해도 그렇지 않다. 그 말을 들은 상대가 다른 곳에서 말을 전하지 말라는 법은 없다. 또한 상대는 '남의 험담을 저렇게 해대는 걸 보니 내가 없는 자리에서는 나에 대한 험담을 할 수 있을지도 모른다'라는 생각이 들게 된다.

그래서 그 사람과는 자연스레 가깝게 지내는 것을 꺼리게 된다. 이렇듯 험담은 결국 자신의 이미지를 떨어뜨리게 되고, 부정적인 영향이 자신에게 돌아오게 된다. 그러므로 누군가와 헐뜯는 이야기를 통해 친분을 쌓으려는 생각은 버려야 한다. 험담을 통해 하나로 단합된 상대와는 그리 오랜 관계를 지속하지 못한다. 오늘의 친구가 내일의 적이 될 수도 있다. 그러니 남을 험담하는 말은 최대한 절제하도록 하자.

열등감은 성장의 잣대

상대가 숨기고 싶어 하는 욕구가 무엇인지 알아내는 방법은 무엇일까? 그 사람의 말을 들어보면 단번에 알아낼 수 있다. 상대가 유독 더 심하게 비난하거나 깎아내리려는 대상이 바로 숨기고 싶어 하는 욕구이다. 만약 그가 꿈이나 도전을 이룬 상대를 깎아내리려 한다면, 자신이 꿈을 이루지 못한 것에 대한 콤플렉스가 남아 있다는 말이다. 그러나 이러한 감정은 살아가면서 누구나 가지고 있는 욕구이다. '열등감을 버려라.', '욕심을 버려라'와 같은 말을 할 자격이 있는 사람은 아무도 없다. 자신의 일에 성취감을 얻고 타인보다 더 잘하려는 욕구야말로 부인할 수 없는 인간 그 자체의 본능이다.

욕구나 욕망이 나쁜 방향으로 작용할 때도 있다. 하지만 잘 활용하면 자신에게 긍정적인 방향으로 나아갈 때가 더 많다. 욕구가 없다면 사람의 마음속에는 열정이 생길 수 없다. 인간의 마음속에 열정이 없다면 어떻게 세상을 발전시킬 수 있겠는가. 열등감만큼이나 자기발전에 도움이 되는 원동력도 없다. 그러므로 열등감을 거부하기보다는 이를 뛰어넘는 마음가짐을 갖추어야 한다.

일본의 심리학자 이와이 도시노리는 "열등감은 당신의 소중한 친구다. 당신이 오늘을 되돌아보면 열등감 덕분에 성장한 부분이 분명히 존재할 것이다"라고 말했다. 학창시절, 친구의 성적 등수를 알게 되면 더 열심히 공부해서 그 친구를 이기고자 하는 열정이 생긴다. 또 은메달 선수가 금메달을 바라보고 의지를 불태우는 감정이 생기는 것처럼 이 모든 감정은 열등감에서 나온다. 이렇게 열등감은 살아가면서 누구나 가질 수 있는 감정이기 때문에 무조건 부정적이라고만은 볼 수 없다. 다시 말해 인간은 열등감으로 인해 우월성이나 성공을 추구하므로 열등감을 노력과 성장에 대한 자극이라고 여겨야 한다는 것이다.

'나'라는 꽃이 피는 시기

세상을 빛나게 만들어주는 사람들은 꿈을 향해 열심히 달리는 사람에게 무시와 비웃음을 날리는 사람들이 아니라 그 비웃음을 무릎 쓰고 자신의 의지를 통해 끊임없이 도전하는 사람들이다. 사람들에게 따뜻한 감동을 전하는 베스트셀러 《연탄길》의 저자 이철환 작가는 무명시절 원고를 5번이나 거절당하고, 3년이라는 세월 동안 사람들의 무관심과 비웃음 속에서 살았다고 한다. 자신을 향한 비난들로 마음이 아팠지만, 그는 '깨달음은 오직 아픔을 통해서만 태어난다'는 말을 가슴에 새기며 끝까지 포기하지 않았다. 이후 베스트셀러로 뽑힌 《연탄길》을 출간하게 되었으며 약 430만부 이상이 판매되었다.

그는 최근에 《마음으로 바라보기》라는 책을 출간하면서 현재까지도 끊임없는 도전을 하고 있다. 사람은 언제, 어디서, 어떤 모습으로 변할지 모른다. 사람마다 자신의 꽃을 피우는 시기가 있다. 아직 그때가 오지 않은 것뿐이다. 자신이 아직 꽃을 피우는 시기가 오지 않았다고 해서 이미 꽃을 피우고 한껏 자신을 뽐내고 있는 상대를 질투한다면, 자신을 뽐낼 수 있는 시기는 더 늦어질 것이다. 상대를 험담하고, 비난할 시간에 내면과 실력을 성장시키는 것이 자신의 소중한 시간을 더 보람차게 보내는 일이 아닐까 싶다.

3부

인간관계를
부드럽게 하는 말투

사람은 누구나 귀중한 사람이 되고자 하는 욕망을 가지고 있다.

-존 듀이

어설픈 위로와 지나친 관심은 오히려 독이 된다

어설픈 위로

자신이 정말 괜찮지 않은 상황에 놓였을 때, 주변에서 "괜찮아?"라고 걱정해주는 말 때문에 더 괴로웠던 경험이 있을 것이다. 자신에게 절망적인 상황이 주어졌을 때, 본인은 혼자만의 시간을 가지며 스스로 마음을 추스르며 자신을 위로하고 싶은데, "괜찮아? 힘내"라는 말을 들으면 오히려 힘이 빠진다. 물론 자신에게 신경 쓰는 사람이 단 한 명도 없다면 쓸쓸한 감정이 들겠지만, 모든 사람에게 "괜찮아? 힘내"라는 소리를 듣는 것은 힘낼 기력조차 없는 사람에게는 그것 또한 곤욕일 것이다.

우리가 느끼기에도 괜찮을 리가 없는 사람에게 "괜찮아요? 힘내세요."라고 말하는 것만큼이나 무례한 일은 없다. 정말 힘든 사람에게 힘을 내라고 말하는 것은 진정으로 하는 위로라고 볼 수 있을까? 이건 강요에 가깝다고 본다. '힘내'라는 위로의 말을 들으면 상대에게 "나 너무 힘들어서 죽을 것 같아"라고 더 이상 자신의 고충을 털어놓을 수 없게 된다. 자신의 고통에 일관되게 힘을 내야한다고 하는 사람에게 더 이야기해봤자 똑같은 대답만 나올 것이 뻔하다는 생각이 들기 때문이다.

말의 진정성은 사람 사이의 관계를 유지하는 데에 있어 매우 중요하다. 어설픈 위로와 같은 겉치레로 하는 말들이 반복되면 사람들은 그 사람과의 깊은 관계 맺기를 거부한다. 자신의 아들이 그렇게 원했던 대학에 떨어져서 가족 분위기가 침체되어 있는 상황에서 주변 사람들이 "소식 들었어. 아들 대학에 불합격 됐다며? 어쩜 좋니. 너무 걱정되네. 아들은 괜찮대?" 하며 위로의 말을 건낸다면 기분이 어떨까? 차라리 물어보지 않는 편이 더 나았을 것이다. 선부른 위로는 상대가 이해받는다는 느낌을 받지 못한다.

말로만 그럴싸하게 둘러대는 말은 되레 더 큰 상처를 남긴다. 우리는 위로의 말을 할 때, 상대방의 심정을 충분히 이해해주고, 감정을 찬찬히 보살펴 준 후에 슬픔을 달래주는 말을 해도 늦지 않다.

"그들은 위로를 정제한다. 위로의 말에서 불순물을 걸러낸다고 할까. 단어와 문장을 분쇄기에 넣은 뒤 발효와 숙성을 거친 다음 입 밖으로 조심스레 꺼내는 느낌이다. 위로의 표현은 잘 익은 언어를 적정한 온도로 전달할 때 효능을 발휘한다. 짧은 생각과 설익은 말로 건네는 위로는 필시 부작용을 낳는다."

- 《언어의 온도》, 이기주

우리가 누군가의 슬픔을 들었을 때, 뭐라고 위로할 말이 없다고 해서 억지로 말을 찾아낼 필요는 없다. 단지 그 사람의 말 한 마디에 모든 관심을 쏟아 귀를 기울여주면 된다. 상대방의 심정이 어떤지 함께 느끼며 공감해주는 것만으로도 백 마디의 말보다 더 큰 위로를 얻게 될 것이다.

인간의 내면에는 자가치유능력이 있다. 우리가 '힘내'라고 억지스러운 위로의 말을 하거나 문제에 대한 충고를 해주지 않아도 스스로 문제를 해결할 수 있는 능력이 있다는 것이다. 그들에게 우리가 할 수 있는 최선의 방법은 그들이 충분히 감정을 표출하고, 마음속의 응어리를 끄집어낼 수 있도록 돕는 것이다. 그들의 말에 귀를 기울여주고, 함께 아파할 수 있는 공감능력이 필요하다. '힘내'라는 흔한 위로를 하는 말보다는 상대의 고충을 잘 이해하고 있다는 공감의 눈맞춤, 상대의 말에 귀를 기울이고 있다는 자세가 그 어떠한 말보다 더 의미 있는 위로가 된다. 우리는 괜찮지 않은 사람을 위해 자신이 실제로 해줄 수 있는 일을 찾아 묵묵히 도와주는 편이 훨씬 상대에게 이롭다는 것을 알아야 한다.

지나친 관심

좋은 의도로 한 말이라지만, 자신도 모르게 상대방의 기분을 상하게 할 때가 있다. 사람들에게는 저마다 사적인 영역이 존재한다. 친분이 있는 사람들과는 사생활을 공유하고 싶지만, 대부분의 사람들과는 자신의 사적인 영역을 들추는 대화를 별로 하고 싶어 하지 않는다.

그러나 관심과 무례는 한 끗 차이라는 말이 있다. 나와 가깝지도 않은 사람이 자신의 사적인 문제를 함부로 언급하는 것은 무례한 행동이다. 어떤 사람이 오랜만에 초등학교 동창회에서 친구들을 만났다. 그 중에는 이번에 자신의 아버지가 사장인 회사에 낙하산으로 들어가 부사장직을 맡게 된 친구가 와 있었다. 이 친구가 나에게 이렇게 질문을 했다.

"너는 요새 연봉 얼마나 받냐?"

"그런 건 왜?"

"아니, 그냥 월급쟁이들은 얼마나 받나 해서."

"내가 너한테 그런 거까지 말해줘야 돼?"

"뭐 어때? 친구끼리 말해줄 수도 있지. 거 참, 속좁네."

아무리 친한 사이라지만, 누군가의 연봉을 물어보는 건 그 사람의 몸값이 얼마인지에 대해 물어보는 것과 마찬가지다. 그 친구는 진심으로 궁금해서 물어볼 수도 있겠지만, 몸값을 알려달라고 말하는 사람에게는 적대감을 드러낼 수밖에 없다. 더군다나 권위와 부를 자랑하기 위해 물어보는 말투로 느껴졌기 때문에 무시 당한 기분이 들었을 것이다. 외모, 나이, 결혼, 금전 등 수많은 사적인 영역은 몹시 민감한 문제이기 때문에 잘못 물어봤다가는 오히려 상대의 화를 돋우는 꼴이 된다.

우리 사회가 급변하면서 사람들의 삶의 방식은 엄청나게 다양한 모습을 띄고 있다. 사회가 복잡해진 만큼 자신과는 다른 삶을 살고 있는 사람들이 수없이 많다. 그래서 다른 사람들은 어떤 삶을 사는지 궁금하여 깊은 사생활까지 물어보게 된다. 그러나 저마다 그럴만한 사정이 있고, 숨기고 싶은 부분 또한 존재한다. 잘 알지도 못하면서 남의 일에 지나친 관심을 가지고, '이렇게 해야지, 저렇게 해야지'라며 무턱대고 참견하는 것은 예의가 아니다. 상대를 위한답시고 하는 말이 오히려 상대에게는 쓸데없는 스트레스를 더하는 일이 될 수도 있다.

네덜란드의 인문학자 데시데리위스 에라스뮈스Desiderius Erasmus는 "먼저 청하기 전에 충고하지 마라." 하는 말을 남겼다. 상대방이 충고를 받아들일 준비가 되지 않았을 때는 충고하지 않는 것이 좋다. 진심으로 상대를 위해서 하는 말이라도 상대가 듣지 않으면 아무런 의미 없는 말이 된다. 뿐만 아니라 충고를 듣고 있는 사람은 상대의 말이 참견에 불과하다고 여긴다.

상대가 사적인 질문을 해왔을 때, 자신이 선택한 삶에 대해 우리는 남들에게 일일이 설명할 필요는 없다. 상대가 훅 들어오는 질문을 하면 자신의 사적인 영역이 침해당했다고 느끼기 쉽다. 이런 질문들은 사회에서 형성된 선입견에 의해 별 생각 없이 언급하는 경우가 많고, 이를 관심의 표현이라고 포장하여 말한다.

사람들은 상대방과의 친밀도에 따라 사적인 영역에 대한 정보를 나눌 수 있는 폭이 넓혀진다. 그러나 상대와의 친밀도를 높이기 위해 상대의 깊은 사생활까지 캐물어서는 안 된다. 이는 오히려 상대가 자신을 간섭한다는 인상을 줄 수 있다. 따라서 우리는 상대가 자신의 사생활에 대해 먼저 언급하기 전까지는 거리를 두고 기다려주어야 한다. 상대가 우리에게 자신의 사적인 영역에 대한 이야기를 해주고 싶을 때 스스로 먼저 운을 뗄 것이다. 그때를 기다려주어야 한다.

경청은 상대를 알아가는 과정이다

"나도 그런 적 있어."

"그게 아니라…"

"내 생각에는…"

이 문장들은 상대의 말을 끊고, 자신의 말을 이어가기 위해 처음 꺼내는 머리말이다. 상대의 말을 듣고 있을 때, 가장 견디기 힘든 것은 '나도 말하고 싶다'는 유혹을 이겨내는 것이다. 사실 말하고자 하는 욕구는 식욕만큼이나 강하다고 한다. 상대의 말이 지겹거나 나의 관심사를 벗어난 이야기라면 더더욱 말하고 싶은 유혹이 강해진다.

가로채는 말

둘째를 출산하고 일주일 후에 신생아 우선진료를 제공하는 원장님께 처음 진료를 받으러 갔다. 아기가 자꾸 눈꼽이 껴서 걱정되는 마음에 원장님께 "아기가 자꾸 눈꼽이…." 하고 말하려는 찰나에 내 말을 끊으시고는 "마사지 해줘." 하며 짧게 반말을 하셨다. 구체적인 말씀이 없으셔서 "어떻게 마사지…"라고 말하려는 찰나에 또 내 말을 끊으시고는 "손으로 꾹 눌러"라고 하시는 것이었다. 어디를 눌러야 하는지, 강도는 어느 정도로 해야 하는지에 대해 물어도 계속 내 말을 끊으시며 반말을 하시길래 더 이상 이 원장님과는 대화를 하고 싶지 않았다.

그래서 한 달 뒤, 아기 예방접종을 위해 진료를 받을 때는 대기시간이 오래 걸리는 것을 감수하고, 다른 원장님께 진료를 보기로 했다. 그 원장님께서는 아이의 상태를 확인하는 것부터 꼼꼼히 해주셨다. 그리고 아기가 아픈 곳은 없는지 물어봐주셨다. "아기가 계속 눈꼽이 끼는데, 어떻게 해야 하나요?" 하고 말을 하는 동안 내 눈을 보시며 말이 끝날 때까지 충분히 공감해주셨고, 눈꼽이 끼는 원인과 지속될 시에 발생되는 문제 상황까지 하나하나 꼼꼼히 알려주셨다. 뿐만 아니라 이기 눈 마사지하는 방법을 직접 시범해보이면서 자세한 설명까지 덧붙여주셨다. 이렇듯 상대가 말을 하고 있는 도중에 끼어들기 식의 대화는 상대의 감정을 상하게 하고, 그 사람과의 대화를 더 이상 이어가고 싶지 않게 만든다.

대화를 하다 보면 갑자기 대화 속에 끼어드는 사람들이 있다. 상대가 말하는 동안 자신이 말할 기회를 호시탐탐 노리고 있다가 이때다 싶어 무임승차를 하는 것이다. 상대의 이야기를 들으면서 '내 이야기가 사람들의 흥미를 더 많이 끌 수 있을 것 같은데?'라는 생각으로 상대의 말에 집중하지 않고 자신이 끼어들 타이밍만을 찾는다. 본인은 사람들에게 더 큰 재미를 주었다고 생각하겠지만, 함께 이야기를 나누고 있던 사람들은 갑자기 툭 튀어나오는 말에 당혹스러움을 느끼게 된다.

최고의 대화법

대화 중에 말을 끼어들어 주도권을 빼앗는 사람의 목적은 상대의 마음을 자신에게로 끌어오기 위함이다. 그러나 상대의 마음을 끌어오는 최고의 대화법은 바로 경청이다.

미국의 철학자 존 듀이John Dewey는 "사람은 누구나 귀중한 사람이 되고자 하는 욕망을 가지고 있다"라고 말했다. 자신이 말의 주도권을 쥐고 있는 동안은 가장 귀중한 사람으로 대우를 받길 원한다. 인간의 감정 속에는 '카타르시스Katharsis'라는 것이 존재한다. 이는 억압받고 있는 감정이나 욕구를 외부로 표출하여 해소시킨다는 의미를 지녔다. 진정한 경청은 상대방이 대화를 통해 카타르시스를 느낄 수 있도록 하는 데에 있다. 그러기 위해서는 세 가지 방식의 듣기를 통해 경청의 자세를 갖추어야 한다.

❶ 말을 끝까지 경청하기

❷ 깊이 있게 경청하기

❸ 공감하며 경청하기

상대가 하나의 에피소드를 말할 때는 서론, 본론, 결론의 흐름대로 이어진다. 상대가 말하고자 하는 내용이 결론, 즉 마지막에 있다. 상대의 말을 끝까지 들어야 비로소 그의 진짜 속뜻을 파악할 수 있다는 말이다. 그러나 사람들은 처음 시작하는 말 한두 마디로 성급하게 상대의 의도를 파악하려 한다. 그러다 보니 상대가 말을 끝맺기도 전에 "그래서 네 말은 이렇다는 말이지?"라며 자신의 사고방식으로 성급한 결론을 짓는다.

올리브 웬델홈즈Olive Wendel Holmes의 말에 의하면 "말하는 것은 지식의 영역이고, 듣는 것은 지혜의 영역"이라 하였다. 말은 하면 할수록 늘어지고, 정돈되지 않는 말이 나올 경우에는 오해를 불러일으킬 수도 있다. 그러나 말을 들으면 들을수록 자신의 생각에 깊이를 더해주고, 정돈되지 못한 말을 다시 한 번 걸러내어 지혜가 된다. 사실 상대의 말을 끝까지 듣기란 여간 힘든 일이 아니다. 특히 우리나라 사람들은 '빨리빨리 문화'에 익숙해져 있기 때문에 상대의 말이 조금 길어진다 싶으면 빨리 결론을 짓고, 대화의 주도권을 자신에게 넘기기를 바란다. 그러나 상대의 말 속의 진짜 의도는 마지막에 있다는 것을 명심하자.

온몸으로 귀 기울이기

엄마가 부엌에서 딸에게 "잠시만 와볼래?"라고 부탁했는데, 시선은 텔레비전에 고정한 채 "왜? 무슨 일인데? 여기서도 들리니까 말해"라고 한다. 또는 연인이 만나자마자 각자의 휴대폰을 들여다보며 대화를 한다. 이 모든 행동이 상대의 말을 듣고 있다고 할 수 있을까.

이는 '듣다'라는 단어보다는 '듣는 척'이라는 말이 더 적합하다고 본다. '경청'이라는 것은 단순히 귀로 상대의 말을 듣고 있다는 의미가 아니다. 사람의 말은 빙산의 일각과 같다. 겉으로 표현되지는 않았지만, 그 속에는 수없이 많은 감정과 의미들이 복잡하게 얽혀 있다. 따라서 상대의 말을 제대로 이해하기 위해서는 관찰력, 상황판단능력, 이해력, 추리력 등 자신의 다양한 능력이 총동원되어야 한다.

미국의 심리학자 칼 로저스Carl Rogers는 "깊이 있게 듣는다는 것은, 자신의 감각, 태도, 신념, 감정, 직관 등을 가지고 말로 표현된 이상의 의도, 감정, 정황 등을 말하는 사람의 중심으로 듣는 것이다"라고 말했다. 자신의 귀로 단순히 상대의 언어에만 집중하기보다는 상대의 몸짓, 말투, 표정 등 비언어적인 메시지에 집중하여 듣다 보면 상대의 의도를 제대로 파악할 수 있는 좋은 단서가 될 것이다.

앞서 언급했던 세 가지 경청의 자세 중 공감하며 경청하기는 나머지 두 가지의 경청에서 한 단계 더 나아간다. 조신영·박현찬 작가의 저서《경청》에서 바이올린에 공감적 경청을 비유해 놓은 구절이 있다.

"바이올린은 빈 통의 소리통으로 음악을 만든다. 바이올린이 멋진 소리를 내기 위해 몸체가 비워져 있듯이 멋진 커뮤니케이션을 하기 위해서는 내가 다른 사람들의 말을 잘 들을 수 있도록 비워져 있어야 한다."

-《경청》, 조신영·박현찬

자신의 가치관, 사고방식으로 똘똘 뭉친 내면에는 상대방이 느끼는 감정이 들어올 자리가 없다. 자신의 내면을 비워야 상대의 마음을 담을 수 있다. 자신의 내면을 비운다는 의미는 자신만의 가치관, 사고방식, 경험 등을 모두 배제하고, 온전히 그 사람의 경험과 감정으로 상대를 본다는 것이다. 이는 상대가 말하는 이면의 뜻을 파악하는 데에 그치지 않고, 그 마음을 이해하고 함께 느낄 수 있는 수준의 경청이다. 따라서 그 사람을 온전히 이해하려는 노력이 없다면 공감적 경청은 실패할 수밖에 없다.

유대교의 율법서《탈무드》에서는 "인간의 입은 하나이고 귀는 둘이다. 즉, 말은 적게 하고 듣기는 배로 하라"는 명언이 있다. 말이 많으면 상대의 말을 듣지를 못하니 상대에 대한 귀중한 정보를 얻어낼 수가 없다. 반대로 상대의 말을 열심히 들으면 상대의 호감을 얻는 것은 물론, 그 말에서 얻을 수 있는 정보들을 최대한 얻어낼 수 있다. 경청은 '힘을 들이지 않고, 얻을 수 있는 지혜'라는 말은 결코 과언이 아니다.

대화를 유도하는 질문법

우리는 잘 알지 못하는 상대에게 질문을 통해 대화를 이어간다. 질문은 대화의 윤활유와 같은 역할을 한다. 상대에게 어떤 질문을 하느냐에 따라 대화의 흐름이 즐거워질 수도 있고, 뚝 끊겨버릴 수도 있다.

질문의 적절한 조화

자녀와 친해지고 싶은 아빠는 자녀에게 이렇게 물었다.

"오늘 학교 잘 갔다 왔니?"

"네"

"밥은 먹었고?"

"네"

아빠는 자녀의 쌀쌀맞은 대화에 내심 섭섭함을 느낀다. 그러나 이런 답답한 대화의 원인은 아빠가 '네' 또는 '아니오'만 대답해도 되는 질문을 던졌기 때문이다. 아빠의 질문 목적은 자녀의 말을 끌어내어 대화에 활기를 띠우기 위한 것이다. '네', '아니오'처럼 한 마디로 끝나는 답변이 가능한 폐쇄형 질문이 아닌 상대의 대화를 확장시키는 개방형 질문을 했다면 대화는 어떻게 흘러갔을까?

"오늘 학교 점심시간에 뭐하고 놀았니?"

"친구들이랑 축구했어요"

"그렇구나. 재미있었겠다. 오늘 경기 상황은 어땠는지 아빠한테 이야기해주겠니?"

이렇게 같은 내용을 질문해도 대화의 방향과 분위기가 완전히 달라질 수 있다. 개방형 질문은 질문을 받은 사람이 자신의 생각과 의견을 충분히 말할 수 있도록 대화를 유도하는 질문법이다. "어떻게 했는지 알려줄래?", "이유가 무엇인지 알려줄래?"와 같이 그들이 겪었던 상황이나 경험에 관하여 설명을 하도록 유도하면 대화는 자연스럽게 흘러가게 된다. 또한 상대가 이야기하는 말 속에서 또 다른 화제를 찾아 계속해서 대화를 이어갈 수 있다.

반면 폐쇄형 질문은 단답형으로 종결이 가능한 질문법이다. 이는 형식적인 질문을 하거나 의견을 재차 확인할 때 많이 사용한다. "업무는 잘 되고 있나?", "잘 하고 있지?" 또는 "영수증 드릴까요?"와 같은 질문들이 여기에 해당된다. 우리는 상대와의 대화에서 어떤 질문법을 사용할 것인지 잘 판단하여 적절히 사용해야 한다. 상대를 알아가는 대화를 할 때에는 개방형 질문을 통해 대화를 이끌어내는 것이 좋다.

"ㅇㅇ씨는 쉬는 날 뭐 하세요?"

"아, 저는 영화 보러 다녀요."

"아, 영화 좋아하시나 봐요. 최근에 보신 영화는 무엇인가요?"

"저는 최근에 배우 손예진 씨랑 소지섭 씨가 나오는 〈지금 만나러 갑니다〉라는 영화를 봤어요."

"어? 저도 그거 봤는데, 너무 슬프더라고요. 어떤 부분에서 인상 깊으셨어요?"

어느 정도의 대화를 했다면, 식사를 하기 위해 자리에서 일어나게 된다. 이때 "뭐 드시고 싶은 거 없으세요?"라고 개방형으로 물어본다면 상대방은 "아무거나 다 좋아요."라고 말은 하지만, 막상 어떤 음식을 사달라고 하기도 그렇고, 주변에 뭐가 맛있는지도 몰라 대답하기가 곤란해서 꺼내는 말이다. 이때에는 몇 가지의 선택지를 제공하여 쉽게 선택할 수 있도록 돕는 폐쇄형 질문을 하는 것이 좋다.

"이제 식사하러 갈까요?"

"네, 좋아요."

"제가 여기 주변에 맛집을 좀 알아봤는데, 이 근처에 깔끔하고, 기름지지 않는 채식 뷔페도 있고, 편하게 룸에서 식사하실 수 있는 한정식 집도 있어요. 또 분위기 좋은 이탈리안 레스토랑도 있네요. 이 중에 어디가 좋으세요?"

"저는 다 좋아요. 드시고 싶은 거 먹으러 가요."

"저는 이 세 곳 모두 마음에 들어서 어느 곳을 가셔도 괜찮아요. 어디가 좋을까요?"

"그럼 이탈리안 레스토랑으로 가는 게 좋겠네요."

이렇게 상황에 맞게 생각을 폭넓게 말할 수 있는 개방형 질문과 한정적으로 필요한 대답만 할 수 있는 폐쇄형 질문을 적절히 사용한다면, 상대에 대한 호감도가 올라가는 것은 물론, 알지 못했던 상대의 취향까지 공유하게 된다.

질문은 대화의 방향에 대한 주도권을 가지고 있을 뿐 아니라 질문에 따라 말하는 사람의 지식까지도 얻을 수 있는 말투이다. 서로에게 질문하고, 답하면서 상대에 대한 판단이 뚜렷해지게 된다.

독일의 물리학자 게오르크 크리스토프 리히텐베르크Georg Christoph Lichternberg는 "지혜로 향하는 첫걸음이 모든 것에 대해 질문하는 것으로부터 시작된다"라고 말하며 질문의 힘을 강조하였다. 나 자신에게 '성장'에 대한 질문을 하면 나를 발전시킬 수 있는 해답을 찾게 되고, 선생님 또는 교수님에게 모르는 문제를 질문을 하면 그에 대한 명쾌한 답을 얻어낼 수 있는 말투가 바로 질문이다. 또한 무언가를 가정하는 질문 "만약 우주에 간다면 어떤 것들을 볼 수 있을까?"와 같은 현재의 시·공간에서 벗어난 질문을 통해 과거나 미래를 경험하거나 상대방의 입장이 되어볼 수도 있다. 이렇듯 대화에서도 다양한 방식으로 질문을 한다면 이는 상대의 지혜를 얻을 수 있는 좋은 수단이 될 것이다.

꼬리 물기

상대와 대화를 할 때, 질문을 통해 서로 말의 주도권을 주고받으며 계속 대화를 이어나간다. 그러나 단순히 어색함에서 벗어나기 위해 또는 침묵을 깨기 위한 목적으로 '질문을 위한 질문'을 하면 그것은 좋은 질문이 아니다. "어디 사세요?", "어디 학교 출신이에요?", "형제 관계는 어떻게 되시나요?", "키가 어떻게 되나요?"등 대화에 깊이가 없이 겉으로 드러나 보이는 현상에 대해서만 질문하는 것을 말한다.

이런 질문으로는 상대의 호감을 끌어내지 못한다. 상대와 시간가는 줄 모르고 흥미진진하게 대화를 이어가고 싶다면 방법은 간단하다. 상대의 관심사에 초점을 두면 된다. 상대의 취향이나 의견에 대한 질문을 통해 대화를 계속 파생시켜나가면 된다. 상대가 대답한 관심사에 '왜'라는 질문을 통해 꼬리에 꼬리를 무는 방식이다.

"ㅇㅇ씨는 어떤 음악장르를 좋아하세요?"

"저는 힙합을 좋아해요."

"아, 저는 힙합에 대해 잘 모르는데, 궁금해지네요. 힙합을 왜 좋아하게 됐나요?"

"라임과 리듬이 있어서 가사가 머릿속에 콕 박히는 기분이에요."

"오, 표현이 좋네요. 혹시 좋아하는 힙합가수가 있나요?"

"네, 저는 레지 스노우Rejjie snow를 개인적으로 좋아해요."

"레지 스노우에게 어떤 매력이 있나요?"

"잔잔하면서 은근히 중독성 있는 노래들을 잘 만들어서 그런 것 같아요. 하하"

"아하, 그렇군요! 저도 이번에 새로운 장르의 노래를 들어봐야겠네요. ㅇㅇ씨! 노래 추천 좀 해주실래요?"

"좋아요! 저는 'Pink beetle'이나 'D.R.U.G.S'라는 곡을 추천해드리고 싶네요. 제가 가장 좋아하는 곡이랍니다."

"고마워요. 꼭 한 번 들어볼께요."

이렇게 나와 취향이 다른 사람과의 대화에서도 '왜'라는 질문으로 오랫동안 대화를 나눌 수 있다. 질문을 통해 상대의 생각이 궁금하다는 신호를 보낸다. 뿐만 아니라 그의 관심사에 관심을 보이고, 경청하다 보면 상대 역시 마음을 열게 된다. 상대의 관심사가 나와 달라도 긍정적인 반응을 보이면 상대는 호감을 가지고 당신을 바라보게 될 것이다. 같은 취미를 가진 사람들을 만나러 동호회까지 찾아다니는데, 주변에서 자신의 관심사를 호응해주니 얼마나 반가울까.

화젯거리가 자신이 관심 없는 주제 또는 별로 좋아하지 않는 주제라고 해서 굳이 이를 밝힐 필요는 없다. 이런 상황에서는 상대가 좋아하는 관심사에 대해 이야기하는 것을 즐길 수 있도록 주도권을 내어주는 것도 상대에게 호감을 얻는 방법 중 하나이다.

관심사 맞추기

막상 처음 만나는 사람은 상대에 대한 정보가 전혀 없기 때문에 어떤 질문을 꺼내야 할지 고민하게 된다. 상대가 어떤 관심사를 가지고 있는지 모른다면 누구에게나 통할 수 있는 보편적인 질문부터 시작하면 된다. 보편적인 주제로는 여행, 날씨, 드라마, 영화, 교통수단, 자가용, 업무, 취미, 자연, 친구, 스포츠, 자녀, 뉴스, 패션, 맛집, 건강, 일상 등이 있다.

상황에 맞게 주제를 골라 질문을 한다면 첫 질문에 대한 어려움이 없을 것이다. 뿐만 아니라 나이별 관심사도 알아두면 좋다. 20~30대는 싱글이 많고, 한창 자신만의 커리어 찾기에 집중한다. 이들은 미래에 대한 전망이나 커리어 관련 주제에 관심을 갖는다. 40~50대로 접어들면 가정을 이루고 생계를 꾸려나가기 위해 노력하는 사람들이 많다. 이 연령대의 사람들에게는 재테크나 자녀와 관련된 현실적인 주제를 다루면 좋다. 60~70대 노인들에게는 노년기를 맞이해 자신의 추억을 되돌아보거나 과거에 자신의 업적에 대해 대화하기를 좋아한다. 또는 건강에 관련된 주제를 언급하는 것도 좋다.

그러나 통상적으로 모두에게 예민한 주제를 언급하게 되면 화를 부른다. 종교나 정치와 같은 자신만의 신념이 있는 주제는 피해야 한다. 자칫하면 자신의 신념을 이해시키기 위해 논쟁이 일어날 수도 있다. 또한 성, 학벌, 돈, 험담, 비교, 능력, 신체적 결함과 관련된 민감한 주제들도 피하는 것이 좋다. 이런 주제들은 가깝지 않은 사이에서는 굉장히 무례하게 느껴진다. 사람들과 통상적인 주제를 통해 대화를 하면서 상대방이 쓰는 단어에 주의를 기울여보자. 그러다 보면 상대가 어떤 분야에 관심을 가지고 있는지 자연스럽게 알게 되고, 그 관심사에 초점을 맞추어 심층적인 대화를 하다 보면 당신에게 상대는 마음의 빗장이 스르르 열릴 것이다.

상대의 대답을 쉽게 끌어내는 대화법

사전 예고

"놀기 좋은 장소 좀 추천해주세요."

"늘 웃을 수 있는 비결이 뭐예요?"

"일은 잘 되나요?"

자신에게 대뜸 물어보는 상대의 질문에 당혹스러웠던 경험이 있을 것이다. 서두가 없이 바로 본론으로 들어가는 질문은 상대에게 거부감을 줄 수 있다. '저 사람은 갑자기 나에게 왜 이런 질문을 하는 거지?' 또는 '상대가 나에게 원하는 게 뭐지?' 하고 의아해 할 것이다.

이처럼 아무런 설명도 없이 갑작스럽게 하는 질문은 상대가 답변을 하기에 부담을 느끼게 된다. 어느 범위 내에서 말해주어야 할지, 어떤 태마를 기준으로 알려주어야 할지에 대한 고민으로 머릿속이 복잡해지기 때문이다. 그러나 우선 질문에 앞서 묻고자 하는 내용에 대한 설명을 언급을 해준다면, 이어지는 대화는 훨씬 수월해진다.

"날씨가 좋네요. 아이들 데리고 봄나들이를 가고 싶은데, 놀기 좋은 장소 좀 추천해주세요."

"볼 때마다 밝은 모습을 하고 계시네요. 늘 웃을 수 있는 비결이 뭐예요?"

"저번에 보니까 업무 때문에 힘들어 하셨는데, 요즘은 일이 잘 되는지요?"

첫 번째 예문에서는 아이들과 함께 간다는 사실과 바깥 풍경을 구경하면서 즐길 수 있는 장소로 범위를 정해주었다. 상대방은 이러한 기준을 참고해 좀 더 빠르고, 정확한 답변을 해줄 수 있다. 두 번째 예문은 상대가 '내가 늘 웃는 것에 대해 부정적인 질문인가?'라는 적대심을 드러낼 수도 있는 질문이었지만, 앞서 칭찬하는 말을 던지고 나니 그후에 이어지는 대화가 훨씬 편안한 분위기가 조성되었다. 마지막 예문은 수많은 의미를 지닌 '일'의 단어를 특정한 '일'로 지정해주었다.

사전 예고를 해주는 말들은 상대가 당황하지 않고, 편안한 대화를 할 수 있도록 돕는다. 또한 상대에게 관심을 가지고 있다는 의미도 포함된다. 단, 이러한 사전 예고는 상대가 공감할 수 있는 소재이여야 한다. 해외여행을 단 한 번도 가보지 못한 사람에게 찾아가 "이번에 제가 해외여행을 가고 싶은데요. 어디로 가는 게 좋을까요?"라고 묻거나, 다른 학과 학생에게 자신의 학과에 관한 질문을 하는 것은 상대에게 아닌 밤중에 홍두깨, 즉 상황에 맞지 않는 엉뚱한 소리를 한다고 느끼게 된다.

서두를 간단하게 말하는 것도 중요하다. 구구절절 말하다 보면 상대는 사전 예고의 요지를 파악하지 못하게 된다. '그래서 정확하게 어떤 점이 궁금한 거야?'라며 속으로 반발심을 일으킬 수도 있다. 따라서 이러한 질문도 상대의 관심사와 관련이 있어야 하고, 상대가 자신의 관심사를 말하도록 유도하는 질문이어야 한다. 상대와의 대화에 탄력을 얻고 싶다면, 갑작스러운 질문을 하기 이전에 적합하고, 간결한 설명으로 질문에 대한 사전예고를 해주는 것이야말로 대화에 예의를 갖추는 일이다.

시간의 순서대로 질문하기

미래에 어떤 행동을 할지에 대한 질문을 받으면 우리는 즉각적인 대답이 나오기 쉽지 않다. "다음 주에 시간 있어?" 또는 "내일 뭐 먹을 거야?"와 같은 질문을 받으면 나도 모르게 주춤하게 된다. 그 이유는 무엇일까? 대부분의 사람들은 다음 주에 무슨 일정이 있는지, 내일 어떤 음식을 먹을지에 대해 정해놓지 않을 뿐만 아니라 굳이 미리 생각할 필요성도 못 느끼기 때문이다.

미래의 경험은 아직 일어나지 않은 일이다. 이는 뇌 속에 상황, 감정, 반응 등이 기록되어 있지 않다는 뜻이다. 기억에 없는 일들을 대답하기 위해서는 상상을 해야 한다. 질문에 답변하기 위해 그때부터 상상하기 시작하지만, 생각해보지도 않은 일을 상상하기란 여간 어려운 일이 아니다.

그렇다면 상대에게 부담을 주지 않으면서 명쾌한 대답이 나오게 하는 질문은 무엇일까? 이는 상대가 알고 있는 일이라 깊이 생각하지 않아도 되는 과거에 대한 경험을 물어보는 질문이어야 한다. 과거는 우리가 이미 경험했던 일이라 뇌 속에서는 그때의 상황, 느꼈던 감정, 몸의 반응 등 모든 것을 기억하고 있다. 이미 알고 있는 일을 물어보는 것이기 때문에 답변하기가 쉬울 수밖에 없다.

상대의 미래 행동에 대해 알고 싶다면, 머릿속에 기억되어 있는 것들을 이어서 흐름을 만들어야 한다. 과거에 대한 질문으로 시작해서 현재를 거쳐 미래를 질문한다면 상상하기가 훨씬 쉬워진다. 수업시간에 교수님께서 당신에게 "자네는 내년에 어떤 목표를 가지고 살아갈 생각인가?"라고 물어봤다. 당신은 교수님의 질문에 '무턱대고 왜 저런 질문을 하시지? 무슨 의도일까?'라며 의심을 품게 된다. 그리고 당신은 알지도 못하는 '내년의 목표'에 대한 생각을 끌어내는 데에 어려움을 느낄 것이다. 그렇다면 교수님께서 당신에게 과거, 현재, 미래가 이어지듯 질문했다면 어땠을까?

"자네는 과거에 어떤 인생 목표를 세웠었나?"

"올해의 목표는 어떤 것이었나?"

"그렇다면 내년에는 어떤 목표를 가지고 살아갈 생각인가?"

시간의 순서에 따른 질문은 상대가 과거와 현재의 상황과 맥락을 바탕으로 추측하기 때문에 미래에 대한 계획을 결정짓는 데에 부담감을 덜어준다. 단계별로 물어보는 질문은 어려운 문제도 쉽게 접근할 수 있도록 돕는다. 단번에 답을 찾기 어렵다면, 가장 쉬운 질문부터 시작해서 순차적으로 진행해보자. 이는 사고의 순환에 큰 도움이 될 것이다.

하나 더하기

인간은 자기 자신과 닮은 점이 많은 사람을 좋아하기 마련이다. 대화를 하면서 '나와 공통점이 많네'라고 생각되는 사람이 있으면 그 사람에게 호감을 느끼게 된다. 상대에게 호감을 얻기 위해 의식적으로 상대의 말과 행동에 맞추어 가는 기술이 있는데, 이를 '페이싱Pacing'이라고 부른다.

하코다 타다아키의 저서 《잘 먹히는 공감 실전화술》에 따르면 페이싱에는 네 가지 기술인 미러링Mirroring, 튜닝Tuning, 매칭Matching, 하나 더하기Plus One가 있다고 한다. 미러링, 튜닝, 매칭 기술을 충분히 숙지한 다음에 한 마디를 추가하는 기법으로 '하나 더하기' 기술을 사용한다. 이는 상대방의 말에 똑같이 말을 맞춘 다음에 상대의 호칭이나 다른 질문을 추가하여 대화를 이어지도록 만드는 것을 의미한다.

"좋은 아침이에요"

"네, 좋은 아침이네요. ㅇㅇ씨는 주말 잘 보내셨나요?"

"요즘 경제상황이 안 좋은 거 같죠?"

"네, 정말 경제상황이 안 좋은 것 같아요. 특히 물가가 너무 오른 것 같아 걱정이에요."

이렇게 상대의 말을 똑같이 답변한 다음, 한마디를 더하면 그들의 대화는 계속해서 이어질 것이다. 상대는 '저 사람과 내가 공통점이 많았네'라는 감정을 느끼게 된다. '우리는 심리적으로 연결된 상태'로 여기며 상대에 대한 호감도가 상승하게 된다. 말주변이 없어 다른 사람과 소통하는 게 두렵다면, '하나 더하기' 기술을 사용해보자. 말을 많이 하지 않고, 상대의 말에 호응하며 딱 한 마디만 덧붙이는 것이기 때문에 누구나 손쉽게 따라할 수 있다.

지금부터 상대의 말에 딱 한마디만 더 해보자. 상대의 말에 동의하고 호응하는 의미가 전해져 상대방도 즐거운 마음으로 대화를 이어가는 것은 물론, 대화의 방향이 긍정적인 분위기로 흘러가게 될 것이다.

맞장구는 상대의 흥을 돋운다

대화가 즐겁고 활기가 넘치면 처음에 하려던 말보다 더 많은 이야기를 나누게 된다. 주어진 시간이 너무 짧게 느껴지고, 이 대화를 마무리 짓기가 아쉽기까지 하다. 그러나 대화가 축 쳐지고, 나 혼자만 떠들고 있는 듯한 기분이 들면 할 말을 다 한 것 같은데도 시간을 보면 얼마 지나지 않았다. '시간이 언제 가나' 하고 계속해서 시계바늘만 쳐다보며 그 대화를 빨리 벗어나고 싶은 마음이 들게 된다. 이렇게 우리는 어떤 사람과 대화하느냐에 따라 그 사람과의 소통이 즐겁고, 신나는 반면 소통하는 것 자체가 곤혹스러울 수도 있다.

미국의 심리학자 마타라조Matarazzo는 경찰관 면접시험을 보러 온 응시자들을 대상으로 '맞장구가 미치는 영향'에 대한 실험을 실시했다. 한 그룹에게는 그들이 답변할 때 열심히 고개를 끄덕여주고, 맞장구를 쳐주었다. 반면 다른 그룹의 응시자들에게는 어떠한 맞장구와 고개 끄덕임을 보이지 않았다. 그 결과, 맞장구를 쳐준 그룹에서 50퍼센트 가량 더 많은 말을 하는 것으로 드러났다. 상대가 무표정한 표정으로 아무런 반응이 없으면 '내가 잘못 말하고 있나?' 또는 '내 답변이 마음에 안 드나?' 하며 의기소침해진다.

그러나 맞장구는 상대로 하여금 흥을 돋우어 계속해서 자신의 말을 이어갈 수 있도록 돕는 윤활유 역할을 한다. 또한 맞장구는 상대방의 의견에 긍정적인 평가를 하고 있다는 전제가 깔려있기 때문에 "그래서요?", "와! 대단해요!", "진짜요?"와 같은 감탄사나 고개 끄덕임, 박수치기 등의 몸짓으로써 상대가 또 다른 말을 하도록 재촉한다. 그래서 상대의 맞장구를 들으면 '상대가 내 이야기에 흥미를 가지고 있구나'라고 느끼게 된다. 또한 자신감까지 얻어 말을 더 하고 싶게 만드니 이야기할 생각이 없었던 화제까지 말하게 된다.

맞장구는 바로 이런 것이다. 자신의 말에 관심을 가지고 들어주는 사람에게 감사함을 느끼고, 그 사람과의 공감대 형성을 통해 좋은 관계를 유지하게 한다.

적군을 아군으로

자신에게 고민거리를 털어놓는 사람에게 이런저런 충고 없이 동정과 공감의 맞장구를 쳐주자. 자신의 분노나 걱정거리가 스스로 해소된다. 뿐만 아니라 앞으로 어떻게 해야 되는지에 대해서도 스스로 결론을 짓게된다. 중학생인 두 친구의 대화를 들어보자.

"아, 짜증나. 오늘 엄마랑 싸웠어!"

"헐, 진짜? 왜 싸웠는데?"

"아니, 글쎄 요새 비비랑 틴트는 화장도 아니잖아? 근데 엄마는 학교 가는데, 학생이 무슨 화장이냐면서 나보고 자꾸 뭐라 그러잖아. 엄마가 뭘 안다고! 이 정도는 자기관리 아니야?"

"그니깐! 너 진짜 짜증나겠다."

"그치, 엄마는 너무 옛날 사람이야. 뭐만 하면 나한테 태클을 건다니까. 그리고 내 치마를 보더니 너무 짧다면서 기장을 늘리라는 거 있지. 너도 알지? 나 치마 하나도 안 줄인 거! 진짜 알지도 못하면서. 엄마가 세상에서 제일 짜증나!"

"야, 너 진짜 억울하겠다! 치마 줄인 것도 아닌데…."

한 친구는 계속해서 불만을 토로하고, 엄마에 대한 험담을 한다. 다른 친구는 친구의 편을 들어주면서 덧붙이는 말 없이 맞장구만 쳐준다. 이들의 대화가 끝날 때쯤엔, "야, 그래도 맨날 짜증나는 건 아니야. 아침에 항상 밥도 챙겨주고, 학원 다니라고 보채지도 않아. 밤늦게까지 학원 다니지 않아도 되고. 그런 건 좋아!" 하면서 스스로 마무리를 짓는다. 친구는 특별히 해주는 이야기 없이 그저 맞장구만 쳐주었는데, 험담하고 난 뒤 자기 스스로 잘못된 점을 알고, 엄마에 대한 좋은 기억을 떠올린다.

대부분 사람들은 어떻게 살아가야 하는지 스스로 알고 있다. 단지 상대에게 고민을 털어놓는 이유는 섭섭하고, 답답한 마음을 누군가가 알아주기를 바라기 때문이다. 누군가가 자신의 마음에 공감해주면 스스로 답을 찾게 된다. 공감해줄 때는 해결책을 제시할 필요가 없다. 고민이 어떤지 판단할 필요도 없이 그저 고개만 끄덕여주고, '그래, 맞아.' 하며 맞장구를 해주기만 하면 된다.

말의 기술을 연구하는 최찬훈 작가의 《밀턴 에릭슨의 우회대화법》이라는 책에서는 상대의 무의식에 제대로 메시지를 넣을 수 있는 타이밍을 '의지의 공백상태'라고 한다. 식욕도 1년 내내, 하루 24시간 요동치지는 않는다. 아무리 식탐이 많은 사람이라도 하루에 20시간 계속 먹지 않는다. 가끔은 먹고 싶지 않은 때도 있다. 바로 식욕이 충족된 직후이다. 식욕은 음식을 먹기 직전에 맹렬히 요동치다가, 배부르게 먹고 나면 떨어진다. 이때 자기반성도 하게 된다.

이 말은 상대에게 뭔가 충족하려는 의지가 느껴지면 그게 다 충족되어 사라질 때까지 기다리거나, 그걸 함께 충족하고 소통한다면 음식을 실컷 먹은 뒤와 같은 상태가 찾아온다는 말이다. 상대의 말하고자 하는 욕구를 해소하도록 돕는 맞장구는 힘들이지 않고, 상대의 말에 추임새만 넣어주는 것만으로도 상대를 자기편으로 만들 수 있는 강력한 힘을 가지고 있다. 상대를 자신이 원하는 방향으로 말하게 하는 방법이 있다. 이는 부정적인 맞장구와 긍정적인 맞장구를 잘 사용하는 것이다.

미국 노스캐롤라이나대학의 체스터 인스코Chester Insko 박사는 학생들을 대상으로 흥미로운 실험을 했다. 그는 175명의 학생을 무작위로 뽑아 전화를 걸었다. 통화를 하는 중에 학생이 그의 마음에 드는 이야기를 하면 "대단한 걸", "오! 그래?"와 같은 긍정적인 맞장구를 쳤다. 반대로 그의 마음에 들지 않은 이야기를 하면 "흠", "글쎄"와 같은 부정적인 맞장구를 쳤다. 그러자 학생들은 부정적인 맞장구를 들었을 때 차츰 박사가 긍정적인 반응을 보인 이야기에 맞추어 말하기 시작했다.

결국 학생들은 박사가 좋아하는 말을 많이 하게 되었다. 사람들은 상대의 반응에 따라 자신이 어떤 말을 해야 할지 판단하는 데 큰 영향을 받는다. 상대가 자신의 의견을 듣기 거북해 한다면, 상대가 좋아하는 말들로 조금씩 의견을 바꾸어 말하거나 아예 그 주제는 배제시킨다. 이렇듯 인간의 심리를 이용하여 맞장구 하나만으로 몇 분 만에 적군을 아군으로 만들 수 있는 기적이 일어난다.

호감을 주는 맞장구

상대에게 호감을 주는 맞장구에는 두 종류가 있다. 소극적인 맞장구와 적극적인 맞장구이다. 소극적인 맞장구는 상대에게 '당신의 이야기를 잘 듣고 있다'라는 신뢰감을 주고, 대화의 분위기에 따라 표정, 몸짓 등의 작은 반응에 변화를 주는 것이다. 이에 반해 적극적인 맞장구는 상대에게 '내 마음을 이해해주고 있다'는 느낌을 준다. 상대의 감정에 호응하고, 표정이나 몸짓뿐만 아니라 "그래서 어떻게 됐는데?"와 같은 질문으로 상대의 흥을 돋우어 마음껏 이야기할 수 있도록 돕는다.

상대의 말에 동조하는 맞장구를 칠 때, 상대의 말을 반복해서 따라하면 대화의 내용을 확인할 수 있다. 뿐만 아니라 화제의 단절도 예방이 가능하다. 이를 화술용어로 '백트래킹Back Tracking'이라고 한다. 백트래킹은 상대와의 유대감을 형성시키고, 동조함으로써 친밀감을 확인할 수 있는 기법이다. "와! 기분 좋다!"라고 말하면, 상대도 따라서 "나도 기분 좋다!"라고 말하는 것이다. 그러나 백트래킹을 사용할 때에 주의할 점은 앵무새처럼 단순히 말을 따라한다는 느낌을 주어서는 안 된다는 것이다.

"내가 이벤트에 응모를 했는데, 이번에 당첨됐어!"

"와, 이벤트에 당첨됐구나."

이런 반응은 상대에게 '저 사람이 진심으로 내 말에 공감하는 걸까?'라며 의구심을 생기게 한다. 말에 자신의 감정이 포함되지 않고, 상대의 말을 단순히 따라하는 데에 그친다면, 좋은 맞장구라고 할 수 없다. 좋은 맞장구는 상대방의 표정이나 몸짓, 말투 등에서 느껴지는 감정을 읽고, 가능하면 그 감정에 반응하는 맞장구를 해주는 것이다. "붙었어? 와, 대박이다!"라며 감정과 연결되는 부분을 언급하면 된다.

펜실베이니아 주립대학교의 로버트 아릭robert Aric은 '내용'에 대한 반응을 해주었을 때보다 '감정'에 대한 반응을 했을 때, 발언한 횟수가 27퍼센트나 더 증가했다고 보고했다. 타인의 감정을 자신의 말로 표현해주는 것은 상대가 자신의 마음을 알아달라는 욕구를 충족시킨다. 그리고 상대는 공감받고 있다는 기분이 들어 계속 이야기를 꺼내게 된다. 이에 충분히 호응해주면 상대는 자신의 마음을 후련하게 해준 당신에게 감사함과 동시에 호감을 느낄 것이다.

상대를 존중하고 배려하는 말투

젊은 세대들은 자신의 사고방식을 타인에게 강요하며 다른 사람들과 원활한 소통을 하지 못하는 사람을 일컬어 '꼰대'라고 한다. 꼰대들의 특징은 젊은 세대를 아랫사람으로 인식하고, 자신만의 생각과 경험으로 그들을 가르치려 든다. 2015년 12월 11일, tvN 39금 토크쇼 〈어쩌다 어른〉에서 '이 시대의 꼰대'를 주제로 다루었다. 방송에서는 자료화면으로 '꼰대 자가 테스트'를 제공했다. 10가지 문항 중 3가지 문항을 제시하면 내용은 이러하다.

❶ 사람을 만나면 나이부터 확인하고, 나보다 어린 사람에게는 반말을 한다.

❷ 요즘 젊은이들이 노력은 하지 않고 세상 탓, 불평불만만하는 건 사실이다.

❸ 후배의 직업을 보면 자동반사적으로 그의 장점과 약점을 찾게 된다.

나머지 문항들에도 몇 가지 공감 가는 것들이 있었지만, 가장 흔히 겪게 되는 '꼰대'는 처음 만난 사이라도 자신보다 나이가 어린 사람에게는 반말을 하는 행동일 것이다.

인격을 무시하는 반말

아르바이트, 직장 또는 길거리 등에서 초면에 반말을 하는 사람들을 쉽게 마주칠 수 있다. 나 또한 이러한 경험들이 있다. 나는 이른 나이에 결혼을 했다. 그래서인지 내가 아기를 안고 택시를 타면, 기사 분께서는 항상 나이를 먼저 물어보신다.

"애 엄마가 어려보이네. 학생이야?"

"아니요."

"몇 살이야?"

"그냥 좀 어려요."

"20대 초반 정도 되나? 남편은 있고?"

나이를 물어보는 것까지는 이해하겠지만, 초면에 이렇게 반말을 하는 건 상당히 기분이 나쁘다. 아무리 친근감을 표시한다고 하더라도 상대의 허락도 구하지 않고, 뜬금없이 반말을 하는 것은 무례하게 느껴진다. 그들과는 대화하고 싶지 않아 입을 다물게 된다.

반말을 하는 것은 권위나 나이의 문제가 아니다. 태도의 문제이다. 타인을 무시하는 태도를 보이며 상대를 인격체로 대해주지 않는 것이다. 또한 반말을 통해 상하관계를 확실하게 하고 싶은 심리이기도 하다. 그러나 모든 사람에게는 나이나 성별, 권위 등과 상관없이 독립적인 인격체로 존중해주어야 한다. 상대가 "말씀 낮추세요"라고 말하기 전까지는 누구에게든 반말을 해서는 안 된다.

상대와 친하게 지내고 싶다고 해서 일방적으로 반말을 하는 것은 과욕이다. 욕심이 오히려 화를 불러일으킨다. 사람과의 관계는 천천히, 느릿하게 이어지는 것이 가장 좋다. 서로에게 마음이 열렸을 때, 한 발짝 다가가야 서로 부담을 느끼지 않고, 내 사람으로 받아들일 수 있다.

누군가가 대뜸 자신에게 반말을 한다면 "초면에 반말하시는 거 불쾌하네요"라고 당당하게 말하자. 그럼 상대도 그후에는 당신을 인격적으로 대해줄 것이다. 만약 "어린 게 감히…." 하며 상대가 화를 낸다면, 속으로 '이 사람과는 상종할 게 못 되겠구나'라고 생각하고, 자신의 인간관계에서 무례한 사람을 거를 수 있는 좋은 기회였다고 생각하면 된다.

존재를 부르는 말

자신을 드러낼 수 있는 가장 단순한 말 한 마디는 바로 '이름'이다. 이름이란 대표적인 고유명사이다. 물론 같은 이름도 많겠지만, 이름을 불러주는 것 자체가 그 사람의 존재와 가치를 인정해주는 말이다. 누구나 자신의 이름에는 특별한 애정을 담고 있다. 그래서 누군가가 자신의 이름을 불러주면 그 사람에게 고마움을 느낀다.

알래스카 대학교 심리학과 크리스 클라인크Chris Kleinke 연구팀은 남녀를 대상으로 흥미로운 실험을 했다. 남성과 여성이 '지금 자신은 무엇을 원하는가?'라는 주제로 서로 15분간 대화하도록 했다. 한 그룹의 남성에게는 여성의 이름을 자주 부르며 대화를 하게 했다. 그리고 다른 그룹의 남성에게는 그녀의 이름을 부르지 않고 대화를 하도록 유도했다.

실험이 끝난 뒤, 여성들에게 남성에 대한 인상을 묻자 여성의 이름을 자주 불러준 남성들의 평가가 월등히 높게 나왔다. 남성에 대한 평가는 외향성, 우호성, 재만남 여부를 기준으로 인터뷰를 했는데, 세 가지 모두 이름을 불러준 그룹이 이름을 불러주지 않은 그룹보다 약 2배 정도 더 높은 점수를 받았다.

이름을 거론하는 것은 상대에게 조금이라도 관심이 있다는 뜻을 표현한다. 인간경영의 대가 데일 카네기Dale Carnegie는 "타인의 이름을 정확히 기억하고 자주 불러주자. 이것은 상대방에게 어떤 칭찬보다 큰 효과를 줄 수 있다"라고 말했다. 타인의 이름을 자주 언급할수록 상대는 당신에게서 자신이 존중받고 있고, 가치를 인정받는다는 기분이 들어 기뻐할 것이다.

미국의 제 32대 대통령이었던 프랭클린 루스벨트Franklin Delano Roosevelt는 국민들에게 훌륭한 인품의 소유자라고 칭송받아 왔다. 그가 국민들에게 호감을 받을 수 있었던 이유 중 하나는 '이름 불러주기'였다고 한다. 한 가지 일화를 들자면, 그가 대통령직을 퇴임하고 난 뒤

2년이 지났을 때의 일이다. 그는 백악관을 오랜만에 방문했는데 당시 백악관에서 일하고 있었던 직원들의 이름을 모두 기억하고 있었다. 주방에 있는 직원뿐 아니라 정원사, 정비공들까지 모두의 이름을 하나하나 불러주며 안부를 물었다. 한 직원은 감동해서 눈물까지 흘렸다고 한다.

당신이 비즈니스를 하는 사람이라면 상대와의 대화에서 'ㅇㅇ씨!'라며 언급하는 횟수를 최대한 높이는 것이 좋다. "오늘 수고했어요.", "저기, 이 업무 좀 봐주실래요?", "감사합니다." 등 형식적인 말들이 난무하는 회사에서 "오늘 수고했어요. ㅇㅇ씨!", "이 업무 좀 봐주실래요? ㅇㅇ씨!", "감사합니다. ㅇㅇ씨!"라며 잠시나마 상대의 이름을 불러주면 대화에 좀 더 친근감이 생긴다. 또한 상대는 회사에서 자신의 존재를 인정받는다는 기분이 들어 업무 효율에 더 신경 쓸 것이다.

여자가 결혼을 하면, 대부분은 육아와 남편의 내조를 위해 가정에 헌신하는 주부가 된다. 그러면 자연스레 자신의 이름 석 자가 불려질 일이 줄어든다. 이를테면 누구의 아내, 누구의 엄마라고 불린다. 아이들이 자랄수록 자신의 이름이 불려질 일은 점점 사라지게 된다. 그러나 누구든 자신의 이름이 사람들에게 불릴 때 자신의 존재 가치를 느낀다.

나의 남편은 지금까지 단 한 번도 나를 '건화엄마'라고 불러본 적이 없다. 항상 "혜수야"라고 이름을 불러주길래 한 날은 '건화엄마'라고 부르지 않는 이유를 물어봤다. 이 질문에 남편은 "밖에 나가면 맨날 건화

엄마라고 불릴 텐데, 나라도 항상 네 이름을 불러주고 싶어"라고 말해 나의 감동을 자극시켰다.

당신이 누군가의 남편이라면, 오늘만은 '누구엄마'가 아닌 아내의 이름을 불러주도록 하자. 아내는 자신의 이름을 불러준 것에 대해 고마워할 것이고, 그 말 한 마디가 마음에 새겨져 그날 밤, 잠자리에 들기 전에 '누구의 엄마' 또는 '누구의 아내'가 아닌 자신의 삶을 돌아보며 나는 어떤 사람이었는지, 또는 어떤 삶을 살고 싶었는지에 대해 떠올려 볼 것이다.

당신은요?

타인에게 호감을 얻기 위해서는 습관처럼 이 말을 하는 것이 좋다. "당신은요?"라고 묻는 것이다. 누구나 상대의 말을 듣는 것보다 자신이 말하는 것을 더 좋아한다. 더군다나 상대가 자신의 이야기를 잘 들어주고 있다면, 신이 나서 끊임없이 자신의 이야기만 하고 싶은 심리가 있다. 그러나 신난다고 해서 결코 혼자서 떠들어대면 안 된다.

미국 의학도서관 연구소는 인간의 집중력은 8초, 금붕어는 9초로, 인간의 집중력이 금붕어보다도 짧다는 조사 결과를 밝혔다. 이렇듯 굉장히 짧은 인간의 집중력으로는 어떤 일을 집중하는 시간에 한계가 있어 자신이 관심을 가지고 있는 소재의 대화라도 발언권이 주어지지 않는다면 더 이상 상대의 말을 듣고 있기란 힘들다.

그러므로 상대가 당신의 이야기를 잘 들어준 만큼 당신도 상대에게 대화의 주도권을 넘겨주어야 한다. 상대를 배려하기에 가장 좋은 대화는 본인은 핵심만 간단히 말해 대화거리만 던져주고, 온전히 경청하는 자세를 보이는 것이다. 자신이 발언 주도권을 가지고 있다고 해서 '나'라는 말로 대화를 독점하기보다는 '당신은요?'라는 말로 대화의 주도권을 상대에게 넘겨줄줄도 알아야 한다.

말에 신뢰를 더하는 말투

인간관계에서 신용을 지키는 것은 황금을 지키는 것보다 더 중요한 일이다. 황금은 잃게 되면 다시 가질 수 있는 기회가 있지만, 신용은 단 한 번이라도 저버리면 더 이상 되돌릴 수가 없다. 신용을 지킨다는 의미는 거짓됨이 없이 진실만을 말하고, 자신이 한 말은 행동으로 옮긴다는 것이다.

우리는 정보화 시대에 살면서 사실여부와 상관없이 수많은 정보들을 받아들이고 있다. 이 때문에 상대가 하는 말을 들어도 자신의 가치관이나 생각에 맞지 않으면 '저 사람은 잘못된 생각을 가지고 있네'라거나 '정확한 정보 맞아?' 하며 그 사람의 말을 받아들이지 않게 된다. 이런 상황을 대비하여 자신의 말에 신뢰를 더하는 말투가 있다. 바로 정보의 출처를 밝히는 것이다.

"올해 통계청에 따르면…."

"미국의 ㅇㅇ연구소가 실시한 실험결과에 따르면…."

"유명한 잡지 ㅇㅇ에 실린 기사에 따르면…."

위의 예시문처럼 누구나 인정할 수 있는 정보의 출처를 언급하면 그 정보의 가치가 올라가고, 말에 신뢰가 생긴다. 우리는 통계나 신문 기사, 이론 등 증명된 사실을 통해 자신이 주장하는 내용이 정확하다는 것을 증명하면 된다.

또 다른 방법으로는 사회적으로 권위가 있는 제 3자의 말을 빌리는 것이다. 제 3자의 말을 활용하면 당신의 말에 무게를 더할 수 있다.

"수능 만점자들은 이렇게 공부했대요."

"빌 게이츠는 이렇게 부자가 되었대요."

"에디슨의 말에 의하면 창의력은 이렇게 기르는 거래요."

유명하고, 권위 있는 사람의 의견이나 증명은 상대를 설득하기에 큰 도움이 된다. 자신이 그 분야의 전문가라는 사실을 상대가 알게 하는 것 또한 이러한 효과를 나타낼 수 있다.

노스 일리노이 대학교의 심리학자 칼튼 마일Carlton A. Maile은 신뢰성에 관해 흥미로운 실험을 했다. 신상품 카펫을 사려는 사람들을 대상으로 그 카펫을 '갖고 싶다'고 느끼는 빈도를 측정했다. 어떤 조건에서는 카펫을 판매하는 직원이 자신을 '백화점 매니저'라고 소개하고 카펫에 대한 설명을 했다. 다른 조건에서는 자신이 '카펫 연구소의 연구원'이라고 소개하며 제품에 대한 설명을 했다. 그 결과, 같은 상품을 판매하더라도 '백화점 매니저'라고 소개했을 때, '갖고 싶다'고 느끼는 사람의 비율이 33.3퍼센트인 것에 비해, '카펫 연구소의 연구원'이라고 소개했을 때는 71.4퍼센트의 사람이 카펫을 '갖고 싶다'라고 대답했다.

'카펫 연구소의 연구원'이라고 하면 카펫의 성분, 제조과정 등 카펫에 관한 모든 정보를 빠삭하게 알고 있다는 느낌을 준다. 관련분야의 연구원이 직접 설명해주는 정보이니 당연히 그 말에 무한한 신뢰감이 생긴다. 통계, 이론, 신뢰성 있는 출처, 사회적 권위가 있는 인물은 근거로 사용하기에 강력한 논리가 된다. 이는 자신의 개인적인 입장이 아니기 때문에 반박하기가 매우 힘들다. 따라서 상대에게 자신의 주장을 관철시켜야 할 경우에 적절하게 사용하는 것이 가장 좋다.

소속감 자극하기

아리스토텔레스Aristotle가 "인간은 사회적 동물이다"라고 말한 것처럼 인간은 어딘가에 소속되어 있어야만 안정감을 느낀다. 또한 서로의 의견을 주고받고, 자신이 공동체 속에서 인정받을 때 진정한 행복을 느낀다. 이러한 심리로 인해 공동체에서 거부를 당하거나 벗어났을 때 느끼는 고통은 매우 크다.

길을 가다가 무리를 지어있는 사람들이 모두 똑같이 하늘을 쳐다보고 있으면 자기도 모르게 같이 쳐다보게 되는데, 이를 '동조'라고 한다. 동조는 다른 사람들의 행동이나 결정이 자신의 행동에 영향을 주어 결국 상대를 따르게 된다는 의미를 지닌다. 한 음식점 앞에 사람들이 줄을 길게 서 있으면 그 음식점에 대한 정보가 없고, 갈 의향이 없더라도 왠지 줄을 서고 싶어지는 심리가 생기는 것과 같다.

사우스 캐롤라이나 대학교의 피터 레인겐Peter Reingen은 사회성이 사람의 심리에 미치는 영향에 대한 재미있는 실험 하나를 했다. 처음 질문에는 단순히 "모금에 참여해주세요"라고 부탁하는 것이다. 그리고 다른 방식으로는 8명의 가짜 이름과 성명이 적힌 목록을 보여주며 "이미 이 분들은 모금에 참여해주셨는데, 당신도 모금기부를 해주세요." 하고 요청했다. 그 결과, 단순히 '참여해달라'고 부탁했을 때는 25퍼센트만이 모금에 참여한 사실에 비해 응모한 사람들의 목록을 보여주면서 참여를 요청했을 때는 43퍼센트나 응했다고 한다. 이에 작용하는 심리는 대부분 사람들이 어려운 이웃을 위해 기부하고 있는데 반해 자신은 좋은 일에 무심한 듯한 느낌이 들어 마음이 불안해지는 것이다. 모두가 그렇게 한다는 말을 들으면 사실 특별한 근거가 없어도 마음이 흔들리게 된다. 따라서 우리는 '모두', '대부분이', '웬만한 사람들은'과 같은 공동체를 나타내는 표현으로 상대가 자신만 남겨지는 불안감을 이용하면 된다.

텍사스 대학교의 세나 가벤Sena Garven은 이와 관련된 주제로 흥미로운 실험을 했다. 그는 어떤 주제에 대한 의견을 물어본다. 하나는 아무런 말을 덧붙이지 않고 단지 "당신은 이 주제에 대해 어떻게 생각하는가?"라고 물었다. 또 다른 방식으로는 "모두가 그렇게 생각하던데, 당신은 이 주제에 대해 어떻게 생각하는가?"라고 질문했다. 그 결과, 상대의 생각만 물어보았을 경우는 10퍼센트 밖에 동의하지 않았지만, '모두'라는 말을 사용하여 질문을 하니 동의한 사람의 비율이 50퍼센트까지 도달했다. 모두가 그 일에 동의하고 있다고 말하면 자신만 반대 의견을 내기란 어렵다. 이는 공동체 속에서 벗어나고 싶지 않은 심리가 작용한 것이다.

상사의 결정이 중요한 안건을 보고할 때, 자신의 생각대로 흘러가길 원한다면 "직원들 모두 이런 생각이던데, 부장님께서는 어떤 결정을 내리실 건가요?"라고 물어보면 된다. '모두'라는 말이 적합하지 않다면 '대부분'이라는 말을 사용하여 해당되는 사람이 많다는 뜻만 전하는 것도 좋은 방법이다.

따라서 친구나 직장상사 또는 동료들에게 당신의 말을 강조하려면, 공동체를 언급하는 표현을 사용하도록 하자. 그러나 이러한 말투를 너무 자주 사용하면 오히려 마이너스(-)로 작용한다. 상대는 '시도 때도 없이 저 말을 쓰는 거 보니까 의미 없이 습관적으로 하는 말인가 보다'라고 여기게 된다. 또한 말을 너무 과장해서 한다고 생각할 수도 있다. 이러한 말투는 상대에게 자신의 의견을 특별히 강조하고 싶을 때만 한 번씩 사용하는 것이 좋나.

수치로 표현하기

자신의 말에 임팩트를 남기기 위해서는 어떻게 해야 할까? 다음 제시하는 두 문장 중 어떤 표현이 머릿속에 더 잘 들어오는지 판단해보자.

“많은 사람들이 이 음식이 맛있다고 호평했어.”

“이 음식을 먹어본 사람 10명 중에 8명이나 맛있다고 호평했어.”

당신은 어떤 말에 더 끌리는가? 대부분의 사람들은 후자의 질문에 더 강한 인상이 남을 것이다. ‘숫자 넣기’ 말투는 어느 누구에게나 효과적이다.

만약 발명왕 에디슨의 명언이 ‘천재는 영감보다는 많은 노력에 의해 이루어진다’라고 했다면, 그저 스쳐지나가는 말이 되었을 것이다. 그러나 ‘1%’와 ‘99%’라는 숫자를 넣어 ‘천재는 1%의 영감과 99%의 노력으로 이루어진다’라는 말을 했기 때문에 누구에게나 기억되는 명언으로 남았다.

실제로 ‘1%의 영감’ 또는 ‘99%의 노력’이었을까? 영감이나 노력은 정확한 데이터로 측정하기 어려울 뿐 아니라 그것들을 분류하거나 단정지을 수 없는 영역이다. 단지 ‘적다’, ‘많다’를 숫자로 표현하여 강한 인상을 남기기 위함이다. ‘중요하다’고 말했을 때보다 ‘99%’라고 말하면 어느 정도의 수치만큼 중요한지 대충 짐작할 수 있다. 또한 수치 속에는 이미 ‘중요하다’는 의미가 함축되어 있다는 사실을 직감적으로 알아차린다.

말에 숫자나 수치를 넣는 것만으로도 상대에게는 꽤나 설득력을 줄 수 있다. 숫자를 포함시키는 것은 상대에게 좀 더 임팩트 있게 설득할 수 있을 뿐 아니라 수치까지 알고 있다는 사실을 통해 당신을 지적으로 보이게 한다.

앞서 언급한 모든 말투는 정확하지 않은 정보라면 아예 언급하지 않는 것이 좋다. 거짓이라는 사실이 들통 났을 경우, 오히려 신뢰를 완전히 저버릴 수가 있다.

신뢰를 더하는 말투는 사실을 말할 때 상대에게 좀 더 강한 인상을 남기고, 자신이 말이 틀림없다는 것을 증명해보이기 위해 사용하는 말투다. 말 그대로 사실을 말할 경우에만 사용하는 것이다. 따라서 거짓을 말하면서 이러한 말투를 사용해서는 안 되고, 거짓된 말을 하는 것은 더더욱 피해야 한다. 거짓된 정보를 흘리는 것이야말로 상대와의 신용을 잃은 지름길이라는 것을 명심하자.

불안감을 조성하여 피해를 막는 말투

사람은 불안감을 느끼기 전에는 관성에 의해 현재의 상태를 그저 유지하고자 한다.

미국 앨라배마 주에 위치한 오번 대학교의 마이클 레이처Michael S. Latour는 불안감을 조성하는 광고가 그렇지 않은 일반적인 광고보다 사람들에게 메시지를 어필하는 힘이 훨씬 강하다는 사실을 밝혔다. 인간은 불안감을 느끼면 그 불안한 심리를 피하기 위해 현재와는 다른 방향으로 행동한다. 우리는 이러한 심리를 이용하여 상대방이 당신의 부탁에 대한 짜증이나 불만을 토로하지 않고, 스스로 잘못됨을 깨닫고 변화할 수 있다.

불안감을 조성하다

나는 집으로 택배가 오면 박스들이 쌓이는 게 싫어서 내용물만 꺼낸 뒤, 곧 바로 분리수거를 한다. 그리고 반드시 택배 운송장을 떼고 처리한다. 가끔 남편이 분리수거를 할 때가 있다. 그런데 어느날, 나는 남편이 집주소와 이름, 전화번호 등 개인정보가 노출되어 있는 운송장을 지금까지 붙인 채로 버렸다는 사실을 알게 되었다. 이 사실을 안 순간, 나는 화가 나서 남편에게 버럭 소리를 지른 적이 있다.

"이때까지 운송장 안 떼고 박스 버렸어?"

"어, 귀찮아서 그냥 버렸는데?"

"그걸 왜 그냥 버려? 아무리 귀찮아도 그렇지!"

"그거 좀 안 떼면 어떠냐?"

"하, 진짜 짜증나! 그런 거 하나 제대로 처리 안 하고!"

"별거 아닌 걸로 왜 짜증이야! 아 됐어. 앞으로 분리수거해주나 봐라!"

나는 화가 나는 마음에 운송장을 떼야 되는 이유도 설명해주지 않고, 머릿속에서 떠오르는 분노의 말들을 화살 날리듯 마구 쏘아댔다. 감정적으로 말하나 보니 서로에게 상처가 되는 말들이 오갔다. 그렇게 말하고 나니 무턱대고 화를 냈던 것에 대한 미안한 감정이 들었다. 남편도 당시에는 화가 나는 마음에 상자를 버려주지 않겠다고 했지만, 다툼 이후에도 택배가 오면 박스를 자주 버려주었다.

그런데 분리수거를 할 때마다 내가 안 보는 사이를 틈타 후딱 버리고 오는 것이 수상해서 한날은 남편의 모습을 유심히 지켜보았다. 알고 보니 이번에도 남편은 운송장을 떼지 않고 박스를 버리는 것이었다. 그 종이 하나 떼기 귀찮아서 내 눈치를 살살 보다가 그대로 버리는 것이었다. 우리가 전에 택배 운송장을 떼지 않는 일로 다투었는데, 이번에 또 이런 일이 발생했다는 사실은 나의 분노를 끓어오르게 했다.

하지만 감정대로 말하는 것은 우리 사이에 아무런 도움이 되지 않는다는 것을 빨리 깨닫고, 어떻게 하면 '남편이 스스로 운송장을 떼도록 할 수 있을까?' 하는 고민을 했다. 그때 번뜩 든 생각은 상대에게 불안감을 느끼게 하여 그 불안감이 현실이 되지 않게 스스로 변화하도록 만드는 것이었다.

"아까 보니까 운송장 안 떼고 상자를 버리던데, 그렇게 안 했으면 좋겠어."

"아, 오늘만 까먹은 거야."

"요새 뉴스 보니까 택배 운송장을 통해서 개인정보 유출이 많이 되고 있다 하더라고. 그 정보로 번호를 알아내서 보이스 피싱은 물론이고, 아이를 유괴했다는 협박전화도 온다더라. 심지어 운송장에 있는 정보만으로 가족 구성원, 직업들도 다 파악할 수 있어서 나중에 우리 가족의 신변이 위험해질까봐 내가 부탁하는 거야."

"진짜 위험하네. 앞으로 주의해서 버릴게."

가족의 안전이 위험하다고 느껴지는 행동은 누구든 절대 하지 않는다. 더군다나 사랑하는 자녀들이 있는 가정은 유괴와 관련된 일에 예민할 수밖에 없다. 이후 남편은 완전히 바뀌었다. 택배를 받자마자 운송장을 칼같이 뗀다. 더구나 내가 박스를 버리러 갈 때 "운송장 확실하게 뗐어?" 하고 재차 물어보기까지 한다. 이처럼 불안감을 조성하여 스스로 잘못됐다는 것을 깨닫고 변화하도록 유도하는 방법은 어디서나 사용이 가능하다.

공원에 가면 '잔디에 들어가지 마시오'라는 문구를 본 적이 있을 것이다. 그러나 이 문구는 대부분 지켜지지 않는다. 사람들은 잔디에 들어가서 돗자리를 깔아놓거나 심지어 텐트를 치고 앉는다. 사람의 심리에는 청개구리 본능이 있어 하지 말라는 말을 들으면 더 하고 싶어진다. 명령을 받을수록 그 말에 더 반발하고 싶어지는 것도 이러한 이유에서다. 이럴 때는 공원의 문구를 이렇게 바꾸어 보면 어떨까.

'약품이 묻을 수도 있으니 들어가지 마시오.'

이런 글을 보면 자연스레 들어가고 싶은 마음이 사라진다. 자신의 몸에 약품이 묻으면 해로울 것 같다는 느낌이 들어 오히려 피하게 된다. 어떤 일을 자제해 달라는 부탁을 할 때, 이렇게 상대가 꺼려하는 상황을 전달하면 된다. 그런 행동을 하지 않는 것이 오히려 이득이라는 사실을 스스로 깨닫게 하는 것이다.

위험해요

어린 자녀가 있는 몇몇 가족들이 서로 모임을 하기 위해 한 음식점을 들렀다. 부모들이 서로 대화를 나누고 있는 사이에 아이들은 음식점 안을 뛰어다니며 술래잡기를 하고 있었다. 직원이 부모에게 찾아가 이렇게 부탁했다.

"아이들이 뛰면 다른 손님들에게 피해를 줘요. 주의해주세요."

그러나 부모들은 한두 번 못 뛰게 제지를 하는 듯했지만, 자신들의 수다에 빠져 아이들에게 신경을 쓰지 않았다. 이 점원은 다른 방식으로 부모들에게 자신의 뜻을 전달해야겠다고 마음먹었다. 그는 부모들에게 찾아가서 이렇게 말했다.

"직원들이 계속해서 뜨거운 음식을 나르고 있는데, 아이들과 부딪히면 아이의 몸에 화상을 입을 수도 있습니다. 주의해주세요."

이 말을 들은 부모들은 아이들을 불러 "뛰지 마!"라며 따끔하게 혼을 냈다. 그리고 밖에 나가서 놀도록 지도했다.

이기적인 사람들은 다른 사람들에게 폐가 간다는 말에는 꿈쩍도 하지 않는다. 그러나 자신의 아이가 다칠 수도 있다는 말에는 잽싸게 반응한다. 이렇듯 상대의 불안감을 자극하는 것은 좀처럼 상대의 말에 귀를 기울이지 않는 사람에게조차도 효과적인 결과를 얻을 수 있다. 상대가 겪고 싶지 않은 상황을 잘 파악하여 상대에게 그런 일이 벌어지지 않도록 해달라는 말투를 사용하면 더 이상 사소한 일들로 골머리를 앓지 않아도 된다.

밀당은 필요하다

사람들은 남녀 사이에서도 '밀당'이 필요하다고 한다. 밀당이란 대화, 연락, 만남 등에서 감정적으로 상대를 당겼다가 미는 행위들을 말

한다. '좋으면 좋은 거지, 왜 밀당을 하는 거야?' 하고 말하는 사람은 밀당으로 속앓이를 해본 사람일 것이다.

사실 익숙한 것에 질리는 감정은 인간의 본능이다. 아무리 맛있는 음식일지라도 매일 같은 음식만 먹으면 질리기 마련이다. 처음은 누구나 설렌다. 그 사람과의 연애가 초반에는 설레고, 소중하고, 특별하게 느껴지는 것도 자신에게는 그 사람의 존재가 처음이기 때문이다. 그러나 연애 기간이 길어지고, 관계의 패턴이 어느 정도 일정하다 보면 그 사람과의 연애가 익숙해진다. 결국 상대의 반응, 생각, 모습 등이 자신에게 익숙해져서 그 사람이 질리게 된다. 즉 연인을 '다 잡은 물고기'로 여겨 상대가 자신의 곁에 있는 것을 당연하게 느끼며, 상대가 자신의 곁에 있다는 소중함과 그 사람의 존재 가치를 잊게 되는 것이다. 그래서 밀당은 필요하다.

내가 말하는 밀당이란 연애 중에 한 번씩 자신의 가치를 인식시켜 주는 행위다. 연인 관계에서 가장 중요하게 생각하는 것은 '상대가 나를 사랑 하는가'이다. 연인이 나를 사랑한다는 것은 알면 더 할 나위 없이 행복하여 상대에게 더 애틋한 사랑을 보낼 수 있다. 반면 그렇지 않다고 느끼면 관계를 정리할 수 있도록 돕는다.

그러므로 상대의 마음을 확인하기 위해서는 '밀당'을 통해 연애감정을 파악해야 한다. 만약 당신이 상대에게 어떤 행동을 했는데, 반응이 싱겁거나 그가 자신에게 이제는 무관심하다고 느껴진다면 '다른 사람이 나를 넘보고 있으니 조심하라'는 사실을 은근히 흘려보내야 한다.

"ㅇㅇ선배가 자꾸 밥을 같이 먹자고 그러네."

"엄마가 이번 주에 지인의 아들과 같이 식사 한번 하자고 그러네."

이런 식으로 자신의 남자친구에게 슬쩍 암시해보자. 아니면 남자 동료들과 잘 지내는 모습을 보이거나 자신의 남자친구보다 괜찮아 보이는 남성과 함께 있는 모습을 보이는 것도 좋은 방법이다. 남자친구가 당신을 많이 사랑하고 있다면 다른 남자에게 자신의 애인을 빼앗길지도 모른다는 불안감이 생겨 다시 연인의 존재를 소중히 여길 것이다. 그러나 남자친구가 아무런 반응을 보이지 않는다면 상대는 당신에게 더 이상 연애의 감정을 느끼고 있지 않을 가능성이 크다. 이럴 경우, 당신은 자신을 위해 현명한 판단을 해야 할 것이다.

4부

삶과 일이
술술 풀리는 말투

목사의 설교가 20분을 넘으면 죄인도 구원받기를 포기한다.

–마크 트웨인

선택지를 통해 강요를 자기의지로 바꾼다

인간은 대체로 남에게 구속받기를 거부한다. 누군가가 당신에게 "ㅇㅇ해라" 또는 "ㅇㅇ하지 마라"고 말한다면, 오히려 반감이 생겨 상대가 요구하는 행동을 이행하지 않을 확률이 높다. 행동을 취하더라도 마음속에는 하기 싫다는 감정이 계속 맴돈다.

인간은 자신이 하고 싶은 일인 경우에만 자발적인 행동을 하는데, 이를 인간의 '자율성'이라고 한다. 자율성은 자기 스스로 주도하는 자유를 누리는 것으로써 인간은 자기 스스로 상황을 통제했다고 여길 때, 그 일에 만족한다.

자율성 추구

EBS 다큐프레임 〈놀이의 반란〉 프로그램에서는 자율성이 인간에게 미치는 영향을 알아보기 위한 실험을 다룬 적이 있다. 만 5세 아이들을 세 그룹으로 나누고, 첫 번째 그룹에게는 선생님이 놀잇감을 지정해주었다.

"선생님이 그만하라고 할 때까지 블록쌓기 놀이만 할 수 있어요."

두 번째 그룹에게는 놀잇감을 권유하였다.

"선생님은 너희들이 블록쌓기 놀이를 먼저 했으면 좋겠어. 어때요?"

세 번째 그룹에게는 스스로 선택할 수 있는 자율권을 주었다.

"내가 지금 제일 하고 싶은 놀이 영역에 가서 재미있게 놀면 돼요."

선생님의 말씀을 듣고 아이들은 놀이를 시작한다. 그후 20분이 지난 후에 선생님이 다시 투입되어 이렇게 말씀한다.

"이제 블록 놀이 그만하고 싶은 친구들은 밖에 나가거나 다른 놀이를 해도 괜찮은데, 블록 놀이 더 하고 싶은 친구들은 좀 더 놀 수 있어요."

이 말에 세 그룹은 어떤 반응을 보였을까?

우선 첫 번째 그룹의 아이들은 선생님의 말씀이 끝나자마자 장난감을 정리하고 밖으로 나간다. 두 번째 그룹도 마찬가지로 하던 놀이를 멈추고 다른 놀이에 관심을 보인다. 그러나 세 번째 그룹의 아이들은 자신들이 선택한 블록 놀이를 계속했다. 첫 번째 그룹과 두 번째 그룹의 아이들은 선택의 주도권이 선생님에게 있었고, 자신이 원하는 놀이가 아니었기 때문에 다른 놀이를 할 수 있기만을 기다렸다. 반면 세 번째 그룹의 아이들은 스스로 결정권을 가지고 놀잇감을 선택했기 때문에 자신의 선택을 최대한으로 누리고자 하는 심리를 가진다. 따라서 진짜 놀이를 하고 있던 것은 세 번째 그룹의 아이들뿐이었다.

부모는 자녀들에게 "ㅇㅇ해라.", "ㅇㅇ해야지." 하며 자신의 의견을 강요한다. 이렇게 부모는 자신이 요구한 대로 자녀들이 행동하기를 바라지만, 이렇게 강요하는 말들은 오히려 그 행동에서 더 멀어지게 만든다는 사실을 이 실험에서 알 수 있다. 다시 말해 아이들뿐만 아니라 모든 사람들은 자신의 행동을 스스로 선택했을 때, 자발성이 생긴다는 사실을 기억하자.

비즈니스 커뮤니케이션 전문가 샘 혼Sam Horn은 베스트셀러로 채택된 저서《적을 만들지 않는 대화법》에서 통제력에 관해서 그녀의 일화를 공개했다. 당시 급히 워크숍을 마친 그녀는 출발 시간이 한 시간 정도 남은 비행기를 타기 위해 택시를 탔다. 그리고 기사에게 상황을 설명하고 빨리 공항으로 가달라고 했다. 택시기사는 그녀를 보며 이렇게 물었다.

"고속도로를 탈 수도 있고, 시내를 통과할 수도 있습니다. 어느 쪽이 좋을까요?"

"어느 쪽이든 상관없어요. 빨리 도착만 하면 돼요."

기사는 고개를 저으며 다시 말했다.

"손님이 선택하시지요."

그녀는 고속도로를 선택했고, 차는 곧 출발했다. 그녀는 왜 자기더러 선택하라고 했는지 궁금해서 질문을 했다고 한다.

"바쁜 손님이 타셨을 경우 제가 길을 선택하면 안 되더군요. 교통 정체를 만날 수도 있는데, 그러면 손님들이 나를 원망하며 저에게 화를 내더라고요. 하지만 손님에게 길을 선택하라고 하면 혹시 시간을 못 맞추더라도 원망은 하지 않거든요."

사람들은 자신이 통제력을 갖지 않은 일에는 좀처럼 고마움을 느끼지 않는다. 그녀의 마음이 조급한 상황에서 택시기사가 의견을 물어보지 않고 고속도로로 갔더라면, 약간의 교통체증이 있거나 신호에 걸려 차를 멈추게 되는 어쩔 수 없는 상황이라도 도착 시간이 늦어진 이유를 택시기사의 탓으로 돌렸을 것이다. 따라서 상대를 당신이 원하는 방향으로 유도하고 싶다면, 상대방의 자율성을 지켜주면서 당신의 뜻을 유도하는 말투 기술을 알아두어야 한다.

상대의 의사를 반영한다

직장상사가 당신에게 이런 부탁했다고 가정해보자.

"내가 지금 자네에게 거래업체 쪽으로 이메일을 보내는 일과 내일 오후 미팅에 들고 갈 자료를 준비하는 일을 부탁하고 싶은데, 둘 중에서 어떤 일을 하고 싶은가?"

이 두 가지 일 모두 당신의 관할 업무가 아니다. 거절해도 무관한 업무들이다. 그러나 당신은 어떻게 생각하고 있는가. '내 관련 업무가 아닌데?'라는 생각보다는 둘 중 어떤 일을 더 하고 싶은지에 대해 고민하고 있을 것이다. 만약 상사가 "지금 거래업체 쪽으로 이메일 좀 보내게"라고 말했다면, 당신은 속으로 '내 관할업무도 아닌데, 왜 나한테 시키는 거지?'라며 반감이 생겼을지도 모른다.

사실 두 가지 선택지를 제시하는 것은 인간의 선택심리를 작용하게 한다. 선택지를 제공하면 상대는 자기도 모르게 그중 하나를 선택하게 된다. 상대는 결정적으로 자기 스스로 선택했다는 느낌을 받기 때문에 강요받았다는 생각이 상대적으로 덜 든다. 같이 있던 친구가 "스타벅스 갈래? 아니면 엔젤리너스 갈래?"라고 묻는다면, 다른 카페들이 주변에 많이 있다하더라도 '스타벅스' 또는 '엔젤리너스' 둘 중에서 하나를 고르려는 것도 이와 같은 경우라고 볼 수 있다.

선택심리를 자극하는 말은 자녀를 기르는 부모에게도 유용하다. 세 살 배기 자녀를 둔 부모들은 아이가 자신의 뜻을 따라주지 않아 늘 애를 먹는다. 나 또한 이러한 경험이 있다. 잠시 외출하기 위해 아들에게 양말을 신겨놓으면 신지 않으려고 벗어던진 적이 한두 번이 아니다. "양말 신으면 밖에 나갈 수 있어"라고 달래보지만 양말을 신기는커녕 오히려 방에 들어가 장난감을 가지고 놀려고 한다.

이때에도 자녀에게 선택의 자유를 주면 부모가 원하는 대로 유도할 수 있다. 나는 아들에게 다른 캐릭터가 그려진 양말을 보여주고는 "뽀로로 양말 신을까? 크롱 양말 신을까? 어떤 게 더 좋아?"라고 묻는다.

그러면 우리 아들은 뽀로로 양말을 손가락으로 가르키면서 "뽀! 뽀!"라며 좋아한다. 아들 발에 뽀로로 양말을 신겨주면 양말을 보면서 신이나 발을 동동 구르기도 한다. 자신의 의사대로 고를 수 있는 선택권이 주어지자 직접 양말을 신고 싶은 마음이 생긴 것이다.

어떤 선택이라도 이득이 된다

선택의 자유를 주는 방식에도 요령이 있다. 바로 어느 쪽을 선택하더라도 자신에게 유리한 방향으로 유도해야 한다는 점이다. 당신이 온라인 쇼핑을 하는 중에 마음에 드는 신발을 발견하고는 그 신발을 주문해둔 상황이다. 그런데 신발의 재고가 다 떨어져 직원에게서 안내 전화가 왔다.

"고객님께서 구매하신 신발이 현재 재고가 없어 환불해드리려고 합니다."

"네, 아쉽지만 그렇게 해주세요."

만약 이런 상황에서 직원이 당신에게 선택권을 주었다면 상황은 어떻게 바뀌었을까?

"고객님께서 구매하신 신발이 현재 재고가 없습니다. 다른 상품으로 대체해드릴까요? 아니면 포인트로 올려드릴까요?"

"음, 포인트로 올려주세요."

사실 다른 상품으로 대체하든 포인트로 올리든 간에 두 가지 선택 모두 쇼핑몰 회사 측에서는 이득이 된다. 다른 상품으로 대체하면 고객에게 물건을 팔아 매출을 올릴 수 있고, 포인트로 올려 두면 어쨌거나 그 쇼핑몰에서 물건을 살 수밖에 없기 때문이다. 뿐만 아니라 고객의 입장에서도 자신에게 더 이익이 되는 쪽으로 선택했다고 여겨 더 이상 불만이 생기지 않는다.

그러므로 상대에게 단 하나의 방법으로 일러두기보다는 두 가지 이상의 가능성을 제시하여 스스로 선택하도록 만들자. 그렇게 한다면 상대는 별 다른 저항 없이 그 뜻을 받아들이게 될 것이다.

칭찬으로 인정욕구를 충족시킨다

러시아의 사회주의 혁명가이자 작가인 막심 고리키Maxim Gorky는 칭찬에 대한 명언을 남겼다. "칭찬은 평범한 사람을 특별한 사람으로 만드는 마법의 문장이다." 국내 최초 '대한민국 우수 최다 보임 예술경영자'로 공식인증 받은 이인권 작가의 저서 《긍정으로 성공하라》에서는 전 세계에서 인정받는 피아니스트 잔 파데레우스키Jan Paderewski의 일화를 다루었다. 그는 피아니스트가 되기를 희망했다. 그러나 자신을 가르치던 한 교수는 그에게 이렇게 말했다.

"네 손가락은 너무 짧고 굵어서 피아니스트가 되기에는 어울리지 않아. 다른 악기를 알아보도록 해라."

이 말을 듣고 좌절한 그는 더 이상 피아노를 치고 싶지 않았고, 한동안 피아노를 치지 않았다. 그해 겨울, 그는 만찬회에 참석하게 되었는데, 오랜만에 발견한 피아노를 보고 잠시 동안 피아노를 치기 시작했다. 그의 연주가 끝나자 한 신사가 다가와 그에게 이렇게 말했다.

"너는 피아노 연주에 탁월한 소질을 가지고 있구나. 앞으로 그 실력을 잘 닦으면 훌륭한 피아니스트가 될거야."

그날부터 그는 그토록 열망했던 피아니스트의 꿈을 다시 이루고 싶어졌다. 그는 하루에 7시간 이상을 피아노 연습에 몰두했고, 같은 구절을 몇 번이고 반복해서 쳤다. 몇 년이 지난 뒤, 결국 그는 신사의 말대로 세계적으로 훌륭한 피아니스트가 되었다고 한다.

기쁨이 되는 말

칭찬은 막강한 힘을 가지고 있다. 자신이 들은 칭찬이 사실과는 다르다할지라도 그 칭찬에 부응하기 위해 노력할 것이고, 한계에 막혀 있던 가능성을 끌어올리게 된다.

당신이 누군가에게 도움을 청할 때도 칭찬하는 말로 상대의 마음을 부드럽게 만든 다음, 부탁하는 말을 하면 그 부탁을 흔쾌히 들어줄 가능성이 높아진다. 당신이 업무를 보다가 어려움에 봉착했다면 직장동료에게 "제가 잘 몰라서 그러는데, 이것 좀 봐주시겠어요?"라고 말하기보다는 "저번에 보니까 이거 참 잘하시던데, 좀 봐주시겠어요?" 하고 상대의 실력을 인정해주는 말을 넣으면 효과가 크다. 상대방은 속으로 우쭐해하면서 당신에게 더 많은 것을 가르쳐주려고 할 것이다.

모든 사람들의 마음속에는 '인정욕구'가 있다. 인정욕구는 인간이 생명을 유지하고 신체를 보존하고자 하는 욕구만큼이나 강렬하다. 때문에 타인에게 인정받지 못하면 인간은 자존감이 낮아지고, 심리적으로 불안감을 가지게 된다. 이러한 증상이 지속되면 대인기피증이나 공황장애 등 다양한 사회공포증을 유발하기도 한다. 따라서 불안정한 심리를 해소시킬 수 있는 방법은 상대를 칭찬하는 말로써 인정욕구를 채워주는 것이다. 칭찬은 상대가 자신감을 회복할 수 있도록 돕고, 의욕을 가질 수 있도록 격려한다.

칭찬하는 요령

상대를 칭찬하는 데에 어려움을 느끼는 사람들은 대부분 칭찬거리가 한정적이라고 한다. 그러나 칭찬은 상대의 장점을 말하는 것이다. 사람의 장점은 한두 개가 될 수 없다. 잘 찾아보면 무수히 많다. 장점을 찾기 위해서는 상대에게 애정 어린 관심이 있어야 한다. 외모나 능력뿐만 아니라 그 사람의 사소한 습관들까지 자세히 관찰하다 보면 다양한 면에서 칭찬거리가 생긴다.

항상 "잘했어", "대단하네"처럼 구체적이지 못한 칭찬은 상대가 느끼기에는 성의가 없다고 여긴다. 진심이 없다고 느끼거나 오히려 형식적인 말투에 기분이 나빠지기도 한다. 다양한 표현방식으로 칭찬을 하려면, 같은 면에서만 칭찬하기보다 시각을 바꿔 다른 면을 칭찬하도록 해야 한다. 어제는 업무에 관한 칭찬을 했다면, 오늘은 겉모습에 관한 칭찬을 하는 것이다. 그리고 내일은 상대의 사소한 습관에 대해 칭찬하는 것이다. 상대에게서 매일 다른 면을 발견하고 그에 대한 칭찬을 하면 된다.

그러나 칭찬할 때에는 주의할 점이 있다. 칭찬이 아부로 바뀌지 않도록 조심해야 한다. 칭찬과 아부는 완전히 다른 개념이다. 칭찬은 사실을 근거로 하여 상대의 좋은 점이나 착하고 훌륭한 일을 높이 평가하는 것이다. 반면 아부는 남을 높이 평가하는 말에 진심 없이 단순히 남의 비위를 맞추기 위해 알랑거림을 말한다. 한마디로 칭찬은 있는 사실을 진심을 담아 높이 평가하는 것이고, 아부는 지나치게 듣기 좋은 말만 하는 것이다. 칭찬이 아부로 변질되면 이는 수위조절을 하지 못한 셈이다. 칭찬을 과장되지 않게 하는 것은 매우 중요하다.

오래 기억될 칭찬

당신은 타인에게 기억에 남는 말 한마디를 해주고 싶은가. 그렇다면 당신은 상대가 들어보지 못했을 법한 칭찬을 하면 된다. 키가 다른 사람에 비해 큰 여성이 있다. 그녀는 항상 "키가 크네요", "키가 커서 좋으시겠어요"처럼 자신의 키에 대한 칭찬을 질리도록 들었을 것이다. 이런 상황에서는 그녀에게 키에 대한 칭찬을 우선적으로 하기보다는 "단발머리가 되게 잘 어울리네요."라던가 "오늘 전체적인 스타일이 되게 우아해 보이네요"처럼 다른 부분을 먼저 칭찬하는 것이다.

이는 1부의 3장에서 앞서 언급했던 NLP기술 중 하나인 '패턴 인터럽트'라는 것이다. 패턴 인터럽트란 상대가 생각하고 있던 패턴을 깨는 것으로 순간최면을 할 때도 사용되는 원리라고 한다. 상대에게 갑자기 엉뚱한 이야기나 행동을 해서 상대방의 뇌를 일시적으로 과부화 상태로 만드는 기술이다. 상대는 자신이 예상했던 패턴과 달라 준비했던 대답을 하지 못하고 당황하게 된다. 자신을 당황하게 했던 말이 계속 머릿속에서 맴돈다. 결국 예상을 빗나간 칭찬은 상대에게 오래 기억될 수밖에 없다.

칭찬은 자신과 타인을 긍정적으로 이어주는 징검다리다. 칭찬은 상대에게 자신감을 주고, 몰랐던 장점을 알려줌으로써 상대는 이 장점을 가지고 자신을 더욱 발전시켜 나가게 된다. 이것은 칭찬이 가진 가장 큰 위력이다. 또한 두 사람 사이의 대화가 활기를 띄고 유쾌한 분위기가 이어지는 것은 칭찬의 선물이다.

이왕 상대를 칭찬하려면 소극적인 자세보다는 적극적인 자세가 상대의 기분을 더 좋게 만드는 데에 도움이 된다. 부하직원에게 "자네는 일처리를 잘해서 좋군." 하고 말하기보다는 자신의 기쁜 감정을 조금 담아 "자네의 일처리가 상당히 좋군. 앞으로도 잘 해주게나." 하고 말해보자. 또는 아내가 해준 음식이 맛있다면 "당신의 요리 솜씨가 좋네." 하고 싱겁게 말하기보다는 "당신이 해준 요리가 세상에서 제일 맛있어!" 하고 힘 있게 말해보자. 이렇게 강력하게 칭찬한다면 그 효과는 배가 된다. 작은 것 하나라도 자신의 감정을 담아 진심으로 칭찬하면 상대가 기쁜 마음으로 받아들이는 것은 당연하다. 상대 역시 그렇게 말해준 사람에게 마음을 열고 대화하고 싶은 감정이 생긴다.

우리는 가족이나 친한 친구에게는 쑥스럽다는 이유로 칭찬하기를 소홀히 한다. 또 표면적으로는 칭찬하는 표현이지만, 속뜻은 비꼬거나 장난하는 의미가 담긴 말을 해 오히려 상대의 기분을 망치곤 한다. 칭찬하는 말을 빙 둘러 말하면, 상대방이 그 말의 뜻은 이해했다 하더라도 그다지 유쾌하다는 기분은 들지 않는다. 그러니 칭찬은 입 밖으로 정확한 표현이 나왔을 때, 가장 큰 효력을 발휘한다는 사실을 꼭 기억하기 바란다.

인사는 곧 마케팅이다

우리가 사람을 만나면 가장 먼저 하는 말이 무엇일까. 바로 '인사'이다. 인사는 서로를 마주 대하거나 헤어질 때 예의를 표하기 위한 말이다. 가장 기본적인 예의라고도 할 수 있다. 사실 인사라고 해서 거창할 것 없다. "안녕하세요.", "고맙습니다.", "반갑습니다." 등 간단한 말 한 마디로도 인사가 가능하다.

우리는 사소한 말 한두 마디로 인해 '생면부지의 사람'에서 '지인'이 된다. 또 상대에게 이런저런 인사말을 스스럼없이 잘 붙이는 사람과의 대화는 마치 전부터 알고 있던 사이처럼 굉장히 흥미롭고, 활기가 넘친다.

관심 있어요

2013년 4월 14일, SBS 정통 다큐멘터리 스페셜에서는 〈착한 이웃, 불편한 이웃, 무서운 이웃〉이라는 주제를 다루었다. 프로그램 중간에는 대학생을 상대로 인사와 친절한 행동에 관한 실험이 나온다. 상황은 이러하다.

실험 대상자인 대학생들은 엘리베이터 앞에서 쓰레기 상자를 들고 있는 낯선 남성과 마주친다. 한 그룹에는 낯선 남자가 엘리베이터를 타기 전 실험자들에게 눈을 마주치고 인사를 건넸다. 반면 다른 그룹은 낯선 남자와 인사를 건네지 않았다. 이때, 엘리베이터 안에서 낯선 사람이 쓰레기를 쏟았다. 과연 학생들은 어떤 행동을 보였을까? 실험 결과는 먼저 인사를 건네지 않은 참가자들은 12명 중에 3명, 즉 25퍼센트만이 쏟아진 쓰레기를 줍는 것으로 나타났다. 그런데 눈을 마주치고 인사를 건넨 경우는 12명 중 9명이나 그를 도와주었다. 이는 75퍼센트에 달하는 수치이다.

실험을 통해 우리는 인사로 안면을 트는 효과가 의외로 크다는 것을 알 수 있다. 인사는 아주 간단한 말이지만, 인사를 하고 안 하고의 차이는 실로 엄청나다. 인사는 인간관계의 기본으로써 인사만 잘해도 사람과의 관계는 대부분 원활하게 흘러간다. 인사를 받으면 상대는 자신을 존중해주는 느낌을 받아 기분이 좋아진다. 또한 '상대'가 나에게 관심을 가져준다는 사실에 감사함이 생긴다.

모르는 사람과 대화할 때도 인사로 쉽게 접근할 수 있다. 상대가 나를 어떻게 생각하는지에 대한 아무런 정보가 없기 때문에 인사를 통해 상대의 심리를 파악하는 것이다. 이때 나와의 대화를 계속 이어가길 원하는 지에 대한 여부도 알 수 있다. 이렇게 인사는 자신의 예의를 드러내는 것이다. 뿐만 아니라 상대에게 관심을 표하여 친분을 쌓을 수 있는 굉장히 유용한 수단이다.

마지막 인사

서로 대화를 즐겁고, 재미있게 했더라도 마지막 인사가 좋지 못하면 상대방에게 좋은 인상을 남기지 못한다. 영화를 보고 나면 마지막 장면이 그 영화 전체에 대한 인상으로 남게 되는 것처럼 사람이 과거 경험한 것에 대한 평가도 마지막에 어떻게 끝났느냐에 따라 그 경험의 인상이 결정된다. 이를 심리학 용어로 '피크엔드 법칙peak-end rule'이라고 하는데, 1999년 이스라엘의 심리학자 대니얼 카너먼Daniel Kahneman 연구팀에 의해 발표되었다.

카너먼은 과거의 경험을 기억할 때, 고통의 지속 시간이 어떻게 작용하는지에 대해 알아보기로 했다. 그는 실험 대상자들에게 14도의 차가운 물에 60초간 손을 담그게 하는 경험 A와 60초 동안 14도의 차가운 물에 손을 담그게 한 뒤, 30초 간 15도의 물에 손을 담그게 하는 경험 B를 겪게 했다. 실험이 끝난 후, 사람들에게 '방금 끝낸 두 경험 중 하나를 다시 겪어야 한다면 둘 중 어느 경험을 할 것인가'에 대한 질문을 던졌다.

그 결과, 실험 대상자들의 80퍼센트가 고통의 시간 자체는 더 길지만 마지막이 덜 고통스러웠던 경험 B를 선택했다. 실험에서 알 수 있듯이 경험의 기억은 주관적이고, 절대적인 시간과는 관계가 없다는 사실을 알게 되었다. 따라서 사람들은 과거 경험에 대한 평가를 내릴 때 감정이 절정에 달했을 때peak와 가장 마지막의 경험end을 중심으로 결정한다. 한 마디로 말하자면 '마지막이 좋으면 모든 게 좋다'고 느껴진다는 뜻이다.

그러므로 우리는 헤어질 때 서로 주고받는 인사에 더욱 신경을 써야 한다. 그렇다면 작별인사는 어떻게 해야 할까? 답은 간단하다. 그 전까지 나누었던 대화를 통해 알게 된 그 사람의 생각과 상황을 파악하여 그에 맞는 인사말을 해주면 된다. 취업이 가장 고민인 친구에게는 "취업 준비 잘해서 꼭 원하는 곳에 붙기를 기도할게"라거나 "너의 목표가 꼭 이루어지길 바란다." 하고 상대방의 꿈을 함께 응원해주는 것이다. 지극히 일상적인 이야기를 나누어서 특별히 할 말이 없을 때에는 "밤이 너무 늦었으니 가실 때 조심하세요." 하거나 "가실 때 우산 챙기는 거 잊지 마세요." 하고 챙겨주는 말을 하는 것이다.

또 상대에게 깊은 인상을 남기고 싶다면 "오늘 대화 너무 즐거웠어요. 다음에 또 만나고 싶네요!" 하며 다정한 작별인사를 건네면 된다. 앞서 제시한 예시뿐만 아니라 더 다양한 방법으로 자신만의 대사를 준비해둔다면 상황에 맞게 선택하여 자유자재로 사용할 수 있다.

이처럼 당신이 상대의 가슴에 깊은 여운을 남기는 작별인사를 해준다면 상대는 당신을 '또 만나고 싶은 사람'이라고 생각하게 될 것이다.

상대의 지갑을 술술 열게 만드는 멘트

우리는 물건을 구입하기 전 '이 물건을 사도 될까?'라며 구입을 망설이는 비판적 사고를 가진다.

진화심리학에 따르면 인간의 뇌는 '뇌간', '대뇌변연계', '대뇌피질'로 구성되어 있다고 한다. 뇌간은 뇌의 가장 안쪽 부분에 위치해 있는 핵에 해당되며 이를 '파충류 뇌'라고 불린다. 이 부분은 생존과 관련되어 있어 신경과 움직임을 통제한다. 뇌간을 둘러싸고 있는 부분이 '대뇌변연계'인데, 이는 감정이나 열망을 관장시킨다. 이를 '포유류 뇌'라고 불린다. 대뇌변연계를 둘러싸고 있는 부분은 '대뇌피질'로, 논리나 계산과 같은 역할을 담당하며 이를 '이성의 뇌'라고 부른다.

인간은 무언가를 사고할 때 이 대뇌피질로 이성적인 판단을 한다. 그러나 비판적이고, 무엇이든 경계하는 인간의 심리를 잘 알고 있는 사람이라면 대뇌피질이 작동하기 전에 모든 일을 끝내도록 한다. 이런 사람들은 상대가 생각도 하기 전에 선택을 '서둘러 달라'는 뉘앙스를 풍기며 뇌를 마비시킨다. 그러면 인간은 파충류 단계의 활동밖에 하지 못한다. 따라서 영업을 하는 사람이라면 이러한 기술을 익혀두는 것이 유리하다.

비판적 사고를 마비시키는 한 마디

사실 상대에게 직접적으로 "물건 구입에 대한 부담감을 가지지 마시고 경계심을 푸세요"라고 말하는 것은 전혀 도움이 되지 않는다. 이는 오히려 상대가 '왜 경계를 가지지 말라고 하는 거지? 무슨 꿍꿍이일까?'라며 의구심만 늘게 된다.

그렇다면 어떻게 상대의 집중을 유도하여 자신이 원하는 결과를 얻을 수 있을까? 그것은 바로 시간의 유한성을 이용하는 것이다. 이는 상대에게 부담감을 없애야 한다고 직접 말하지 않고, 새로운 대상에 집중할 수 있도록 유도하는 방식이다. 홈쇼핑을 보고 있으면 항상 이런 말들이 들려온다.

"이제 곧 마감입니다! 말씀드리는 순간 또 10개가 판매되었습니다!"

"현재 재고가 10개 남았습니다. 9개, 8개, 7개… 마감이 임박합니다!"

이렇게 홈쇼핑에서 광고하고 있는 물건을 곧 마감으로 인해 살 수 없다는 말을 들으면 구매의사가 없더라도 마음이 조급해진다. 사람들이 몇 초에 하나씩 구입하는 걸 보니 자신도 구매하지 않으면 손해일 것 같다는 느낌마저 든다. 고객에게 "이 물건 꼭 사세요"라고 말하기보다 "재고가 얼마 남지 않았습니다. 그 사이에 또 하나가 팔리고 있네요!"라며 물건이 어느 정도 팔리고 있는지에 대한 상황만 알려주어도 고객은 머릿속에서 물건들이 사라지는 모습이 떠오르게 된다. 이렇게 시간의 압박을 사용하는 것은 상대의 집중력을 최대한 끌어올리는 데에 가장 좋은 방법이다. 하지만 집중력이 오르는 반면 판단력은 떨어지게 된다. 인간의 신경이 대뇌피질까지 도달하지 못해 비판적인 사고를 할 수 없도록 하기 때문이다.

시간의 유한성을 이용한 원리는 비즈니스, 일상생활 등 어디서나 충분히 활용할 수 있다. 영업사원인 당신이 고객과 계약을 하려는 상황이라고 가정해보자. 당신과의 계약에서 상대가 사인하기를 망설인다면, 당신은 상대에게 "30분 뒤에 다른 고객님께서 오시는데, 이 계약을 보러 오십니다." 하고 말해보자. 그럼 상대는 시간의 촉박함에 이끌려 계약서에 사인하고 싶은 심리가 들 것이다. 갈등하는 상대에게 "계약에 사인을 하시겠습니까?"라고 물어보면 사람들은 이런 조건, 저런 조건 다 재가며 사인을 미루려 한다. 이때, 상대의 관심을 다른 곳에 집중하도록 유도하면 순간적으로 조건을 재는 행동이 멈추게 된다. 또한 계약에 대한 불신도 잊어버리게 된다. 상대가 우선으로 시간의 유한성에 대한 메시지를 수용함으로써 비판 없이 당신의 뜻을 받아들이게 되는 것이다.

상대에게서 자신이 원하는 결과를 빨리 얻고 싶다면, 무엇이든 의심하고 보는 인간의 심리를 우선적으로 잠재워야 한다. 비판적 사고는

'없어져라'고 말한다 해서 사라지는 것이 아니다. 결국 우리는 상대에게 새로운 관심거리를 제공하여 그곳에 집중할 수 있도록 해야 한다.

교묘한 심리 작전

마트나 상품을 파는 매장에 가서 가격표를 보면 9만 9900원이라고 적혀있는 상품들을 자주 보았을 것이다. 이것이 결국은 10만원을 의미한다는 사실을 모르는 사람은 없을 것이다. 그러나 심리적으로는 10만원보다 더 많이 싸게 느껴진다. 이는 10만원이 넘어가지 않도록 숫자를 은근히 감추어 놓은 수법이다. 실질적인 값의 의미보다는 인간의 심리를 자극하기 위함이다.

이러한 원리를 이용하여 말을 할 때는 당신의 본심을 상대가 모르게 하지만, 그 말을 듣는 순간 이미 마음속에 당신의 뜻이 전제되도록 해야 한다. 당신이 고객에게 제품의 품질에 대해 설명한다고 해보자. 당신은 그 제품이 '성능 면에서 최고'라는 사실을 고객에게 알리고 싶다. 그러나 당신은 고객에게 "이 제품은 타사 제품에 비해 성능 면에서 최고로 우수합니다"라고 말했다면 이는 전혀 도움이 되지 않았을 것이다. 오히려 그 말을 들은 고객은 '진짜인가? 다른 유명한 제품들도 많은데, 어떻게 신뢰할 수 있지?'라며 비판적 사고를 한다. 심지어 상대는 그 말을 받아들이는 데에 부담을 느끼기까지 한다.

그렇다면 어떤 방식으로 메시지를 돌려 말할 수 있을까? 이에 대한 해결방안은 바로 상대가 '그 사실을 알고 있었는가?'에 초점을 맞출 수 있도록 하는 '더블 바인딩double binding' 기법을 사용하는 것이다. 더블 바인딩 기법은 소통과 관련된 심리학 용어로 '이중 구속 화법'이라고도 불린다. 두 가지의 요청이나 요구를 동시에 함으로써 상대가 답을 고민하는 사이에 이미 전달하고자 하는 메시지를 전제하도록 하는 것이다. 상대에게 직접적으로 "품질이 좋다"고 말하기보다는 "이 제품의 성능이 최고로 우수하다는 사실은 알고 계시죠?"라고 물어보는 것이 좋다. 표면적인 질문은 '알고 있는가'이지만, 상대는 '내가 그 사실을 알고 있었나?'에 대한 고민을 하게 된다. 이 질문에 '알고 있었다' 또는 '몰랐다' 중 어느 대답을 할 것인지에 대해 생각한다는 것이다.

그러나 이 질문은 상대가 그 사실을 알았든 몰랐든 간에 이미 잠재의식 속에 '그 물건의 성능이 최고로 우수하다'는 전제를 받아들도록 한다. 물건의 성능이 최고인지 아닌지에 대한 비판적 사고가 작동해야 하는데, 자신도 모르게 '이 물건의 성능이 최고라는 걸 내가 알았나? 몰랐나?'라는 사실에 초점이 맞추어진 셈이다. 이렇듯 상대가 의심 없이 자신의 말을 받아들이도록 하기 위해서는 질문을 할 때, '더블 바인딩' 하여 교묘하게 말을 바꿔 물어보면 된다. 이는 상대에게 부담감을 훨씬 줄어줄 뿐만 아니라 관대하게 정보를 받아들일 수 있도록 돕는다.

묘사는 생동감을 준다

국민예능이라 불렸던 MBC 〈무한도전〉을 보면 '억울', '뻔뻔', '히힛', '성질폭발' 등과 같이 세밀한 감정들을 자막으로 넣어준다. 박명수 씨가 '터진 입이라고 함부로 얘기하지 마요'라고 말할 때 '발끈'이라는 자막도 함께 보인다. 또 MC 유재석 씨가 이상한 행동을 하고 있는 멤버들에게 "지금 뭐 하는 거야!?"라고 말하는 자막 위에 조그마한 글씨로 '짜증'이라는 자막을 같이 볼 수 있다. 이러한 심리묘사는 사람의 감각을 말로 표현하여 상대방이 함께 그 감정을 느낄 수 있도록 돕는다.

우리는 '놀랍다'는 말을 '순간 동공이 커졌다'라고 표현하거나 '민망하다'는 말을 '손발이 오그라든다'라고 표현할 때 그 감정이 더 생생하게 다가온다. 물론 묘사보다 명료한 설명을 해야 될 때도 있다. 병원에서 공식적인 질문의 답변과 같이 중요한 상황에서는 상대에게 정확한 말로 의견을 전달해야 한다. 그러나 물건을 판매하거나 상대의 마음을 자극시키기 위해서는 건조한 느낌의 설명보다는 묘사가 더 도움이 될 때가 있다. 심리상담가 박대령의 저서 《사람의 마음을 얻는 심리 대화법》에서는 묘사와 관련하여 알맞은 예시가 나온다.

당신이 자동차 타이어 판매점에서 일한다고 상상해보자.

"타이어를 교체 안 하시면 도로에서 큰 사고가 날 수 있어요"라고 말한다면 기본적인 설명은 한 셈이지만, 고객 입장에서는 그 필요성이 크게 와닿지 않을 수 있다. 이때 설명 대신 묘사를 사용하면 고객의 지갑을 여는 데 성공할 수 있다고 한다.

"제가 평택에서 고속도로를 달리고 있는데 사고 난 차를 봤어요. 일가족 5명이 탄 자동차가 앞좌석이 다 밀려들어가 형체도 알아볼 수 없이 찌그러져 있고, 불이 활활 타고 있는데 어찌나 끔찍하던지…. 나중에 사고원인이 뉴스에 나왔는데 타이어가 펑크 나서 그랬더라고요. 저는 그날 제 차 바퀴를 전부 교체했습니다."

이런 말을 들으면 누구나 가족의 안전을 위하여 당장 타이어를 바꾸려할 것이다. 박대령 작가는 묘사를 활용하면 이렇게 설명보다 감각적이고 몸속 깊숙이 스며드는 효과가 있다고 덧붙였다. 이렇듯 자신의 마음을 상대에게 좀 더 생생하게 전달하고 싶을 때에는 설명은 줄이고, 묘사를 늘려 이야기가 흥미진진하도록 이끌어내야 한다.

확률을 높이는 부탁 말투

누군가가 “부탁할 게 있는데…”라고 말하면 대체로 불안한 마음이 생긴다. ‘어떤 부탁을 하려는 거지? 들어줬다가 나만 손해 보면 어쩌지? 못 들어주는 부탁일 때는 어떻게 거절해야 되지?’라며 머릿속에 수많은 물음표들을 달게 된다.

이렇듯 사람들은 상대의 부탁을 들어주는 것에 대해 거부감을 느낀다. 우리가 상대의 부탁에 두려움을 느끼는 이유는 무엇일까? 그 이유는 바로 ‘설명 부족’에 있다.

직장상사가 당신에게 “이 업무 좀 맡아서 해줘”라고 말했다고 가정해보자. 이 말을 들은 당신은 머릿속에서 여러 가지 고민들이 떠오를 것이다. ‘언제까지 끝내달라는 말이지?’, ‘이 업무를 나한테 맡기는 이유가 뭐지?’, ‘내가 맡아야 할 범위는 얼마나 되지?’ 등 수많은 생각들이 난무한다. 그러나 직장상사가 당신에게 구체적으로 이렇게 부탁했다고 하자.

"오늘 오후 3시쯤에 인사팀에서 오기로 했는데, 이 일에 관해서 자네에게 부탁할 게 있네. 직원관리에 대한 이야기를 나누기로 했는데, 자네가 이 분야에는 뛰어나니까 맡기는 걸세. 간단하게 다룰 예정이니 세세하게 할 필요는 없겠네."

구체적으로 부탁한다

구체적으로 부탁하는 말은 상대의 불안감을 해소해줄 뿐만 아니라 그 이상의 업무까지 해결할 수 있도록 도울 수 있다. 당신은 부탁한 업무가 끝나면 인사팀들이 회사를 둘러볼 것을 미리 예상하고, 직원들이 공동으로 사용하는 공간을 청소해 놓을 수 있다. 아니면 인사팀과 함께 이야기 나눌 회의실을 미리 정리해놓고, 음료들을 준비해둘 수도 있을 것이다. "이것 좀 부탁해"라고 말하면 사람들은 딱 그 일만 눈에 들어올 수밖에 없다. 그러나 일의 목적, 원인 등 다양한 정보들을 알고 있다면 일 잘하는 사람은 눈치껏 그 일 이상의 능력을 발휘할 수 있을 것이다.

유타 대학교의 야콥 옌센Jacob Jensen은 모금에 관한 실험을 했다. 그는 "우리 단체는 ㅇㅇ달러를 목표로 모금 활동을 하고 있습니다"라고 구체적인 목표 금액을 알렸더니 모금에 참여하는 확률이 높아졌다는 연구결과를 발표하면서 이를 'DTAG driving toward a goal 법칙'이라고 불렀다.

옌센은 사람들에게 목표나 목적만 알려주는 것만으로 사람의 의욕을 고취시킬 수 있다는 사실을 밝혔다. 따라서 부탁할 때, 원인을 밝혀 상대가 목적의식을 가지게 하면 상대의 의욕을 자극시킬 수 있다. 상대에게 부탁하는 것이 미안하여 "급한 건 아닌데", "시간 날 때 해줘" 등 상대를 배려하는 말을 한다. 그러나 이는 상대와 오해가 생기기 쉬운 말투이다. 서로가 생각하는 기한이나 능률이 다르기 때문에 나중에는 '언제 해주는 거야? 까먹은 거 아니야?'라며 비난하는 상황이 생기게 된다. 상대에게 확실한 요구사항이 전달되지 않으면 오히려 두 사람 모두가 스트레스를 받게 된다. 그러므로 상대에게 확실한 요구가 있다면 정확하게 알려주는 게 좋다.

상대에게 '왜' 부탁하는지를 명확하게 알려주는 말투 기술은 부모와 자녀 사이에서도 갈등을 줄여준다. 중·고등학생 자녀들 둔 부모들은 정돈되지 않은 자녀의 머리를 보면서 화를 내며 "머리가 그게 뭐니? 어휴, 머리 좀 잘라." 하고 말한다. 이렇게 화를 내면서 머리를 자르라고 강요하면 자녀들은 부모의 부탁을 명령으로 듣고, 공격적으로 받아들인다.

하지만 이때, 부모가 구체적으로 머리를 잘라야 하는 이유에 대해 설명해준다면 머리는 자르지 않더라도 적어도 갈등은 일으키지 않는다. "네 머리가 너무 길어서 학교 선도부에 걸릴까 걱정되네. 네가 학생 신분이고, 학교 규정대로 행동하지 않으면 너에게 불이익이 올 거야. 그러니 엄마는 네가 머리를 잘랐으면 좋겠어." 이렇게 부탁하는 이유가 무엇인지 구체적으로 말해준다면 상대방도 이해하고 받아들이기 쉽다.

부탁을 하거나 주의를 주는 것과 같이 상대방에게 꺼내기 어려운 말을 전할 때, 이런저런 쓸데없는 말을 늘이려 하지 말자. 단도직입적으로 정확한 이유와 목적을 알려준다면 서로 당황하거나 불쾌한 상황에 부딪칠 일이 없다. 그러므로 우리는 '무엇을', '어떻게' 부탁하는 건지 또는 부탁하는 원인은 무엇인지를 구체적으로 밝혀서 상대의 마음에 나타나는 물음표를 잠재우도록 하자. 타인의 이런 불안감을 잠재울 수 있는 사람이야말로 진정으로 상대를 배려할 줄 아는 사람이다.

문간에 발 들여놓기

'이 모든 것을 단돈 만 원에 드립니다.'

우리는 주변에서 흔히 이런 문구의 광고를 보게 된다. 그러나 실제로 구매하려고 보면 옵션을 선택할 때, 추가비용을 받거나 배송료, 부과세 등 이것저것 포함하다 보면 만원으로 해결되는 경우는 거의 없다. 이는 상대에게 아주 쉬운 부탁을 먼저 해 상대가 쉽게 응하도록 한 뒤, 그 다음으로 본인이 실제 원하는 부탁을 말하는 방식이다. 이게 바로 '풋 인 더 도어 테크닉foot-in-the-door technique'인데, 줄여서 'FITD 테크닉'이라고도 한다. 우리말로 번역하면 '문간에 발 들여놓기', '단계적

요청법'이라고 불린다.

'풋 인 더 도어 테크닉'은 미국의 사회심리학자인 조너선 프리드먼Jonathan I. Freedman과 스콧 프레이저Scott C. Fraser가 1966년에 흥미로운 실험을 통해 발견해낸 결과이다.

그들은 부자들이 사는 동네에 찾아가 주민들을 상대로 실험을 했다. 한 그룹에는 잔디 위에 눈에 잘 띄는 커다란 표지판을 세워도 되겠냐는 부탁을 했더니 17퍼센트만이 동의했다. 다른 그룹에는 부담스러운 요청을 하기 2주 전에 한 연구 조교가 주민들에게 미리 접근하였다. 그러고 나서 창문 앞에 '안전 운전자가 되어 주세요!'라고 쓰여 있는 잘 눈에 띄지 않은 크기의 표지판을 잠시 붙여놓아도 되겠냐고 물었다. 이것은 큰 부담이 없는 부탁이었기 때문에 거의 모든 주민들이 동의해주었다. 2주 후에 또 다른 조교가 같은 주민들에게 찾아가 눈에 잘 띄는 커다란 표지판을 잔디에 세워도 되겠냐는 부탁을 했고, 이에 76퍼센트가 동의했다고 했다고 한다.

사람들은 대체로 쉬운 부탁은 잘 들어준다. 이때 상대방의 작은 요구를 들어줌으로써 스스로 착한 이미지를 가지게 된다. 그리고 착한 이미지를 계속 유지하고 싶은 마음에 더 큰 요구를 들어줄 가능성이 높아진다는 것이다. 영업사원들은 소비자들에게 이러한 심리를 이용하여 접근한다.

"생활에 꼭 필요한 물건이라서 고객님께 추천해 드리는 거예요. 당장 사라는 건 아니고요. 한 달 체험해 보시고 좋으면 그때 결정하셔도 돼요."

한 달이 지나면 영업사원들은 물건을 사도록 유도한다.

"한 달 동안 오래 써보셨는데, 어떠셨어요? 이 제품은 고객님께서 사용하셔서 재판매가 안 되는데도 고객님을 위해서 저희가 체험해 보시라고 드린 거예요. 제품이 좋았다고 느끼시면 바로 주문이 가능해요. 주문하시면 추가로 보조제품이랑 서비스 잘 챙겨 드릴게요."

이런 방식으로 결국 세트 상품을 구입하게 되고, 다른 상품을 소개받아 또 소비를 하게 된다. 사람들 대부분은 "이것만 좀 부탁해"라는 말을 들었을 때, '이것'만으로 끝내는 경우는 거의 없다. 대부분 다른 부탁까지 들어주려는 호의를 보인다. 아내가 남편이 집에 돌아오면 자녀의 일로 함께 상의하고 싶은 게 있다고 하자. 그런데 남편은 밖에서 힘들게 일하고 난 뒤, 지친 몸을 이끌고 집에 온 터라 아내와의 대화보다는 누워서 조용히 쉬고 싶다는 생각뿐일 것이다. 반면 아내에게는 중요한 문제이기 때문에 당장 상의를 하고 싶었다. 그럴 때에는 남편에게 작은 부탁을 먼저 하면서 대화를 이어가면 된다.

"여보, 유치원에서 견학을 간다고 하던데…."

"방금 일하고 와서 힘들어. 내일 이야기해."

"미안해. 근데 아주 잠깐, 딱 30초면 끝나는 이야기야."

"뭔데, 말해봐."

"견학을 가는 데, A코스랑 B코스로 나눠 간대. 부모님이 서로 결정해서 어디로 갈지 알려달라고 하시네."

"에이, 알아서 해. 근데, A코스랑 B코스는 무슨 차이야?"

이런 방식으로 아내는 남편과의 대화를 이끌어낼 수 있다. 사람은 작은 부탁을 들어주면 다음에 한 부탁도 긍정적인 시각으로 받아들이게 된다. 그러니 상대에게 큰 부탁을 하고 싶을 때에는 사소한 부탁을 먼저 해야 한다. 작은 부탁을 하면 상대도 별 다른 부담감을 느끼지 않는다. '이 부탁을 들어줘도 되나?'라고 판단하는 기준이 현저히 낮아지므로 기꺼이 부탁을 들어주기 때문이다. 이렇게 사소한 부탁으로 상대의 동의를 이끌어낸 후에, 큰 부탁을 해도 늦지 않다. 오히려 큰 부탁을 들어줄 확률이 더 높아진다.

대화에서 확실하게 주도권을 잡는 말투

누군가와 약속을 잡을 때 우리는 상대를 배려하기 위해 "언제 시간 괜찮으세요?"라고 물어본다. 타인의 시간에 본인의 시간을 맞추려 한다. 이 말은 상대가 말한 시간에 약속이 없으면 다행이지만, 자꾸 어긋난다면 상대의 편의에만 맞춰져 있어 자신의 일에 차질이 생길 수 있는 질문법이다.

"언제 시간 괜찮으신가요?"

"내일 오전 11시가 좋네요."

"내일은 제가 다른 일이 있어서…. 다른 날은 어떠세요?"

"흠, 그럼 모레 11시는 어떤가요?"

"그날은 제가 선약이 있어서…. 그날도 안 되네요."

이런 식의 대화는 상대를 짜증나게 할 뿐더러 자신의 입장까지 난

처하게 된다. 상대방이 알려준 약속 가능한 시간에 연달아 선약이 있다면, 상대는 '약속이 많으면 자기가 되는 시간을 먼저 말해주면 되잖아.'하라고 속으로 생각하게 된다. 한편 상대가 먼저 배려를 받은 것에 대해 미안함을 느끼는 요소가 되기도 한다.

그러므로 누군가와 약속을 잡을 때는 상대에게 시간을 묻기 전에 먼저 본인이 약속을 잡을 수 있는 시간을 알려주는 편이 더 낫다. 이는 대화의 주도권을 쥐면서 상대방의 체면도 세울 수 있다.

"저는 내일 오후 3시 이후나 모레 오후 4시 이후에 찾아뵐 수 있을 것 같은데, 어떠신가요?"

"그래요. 그럼 내일 오후 4시가 좋을 것 같네요."

"알겠습니다. 그럼 그때 뵙겠습니다."

자신의 시간을 먼저 알린 뒤, 상대의 의견을 물어보면 이렇게 대화가 순조롭게 진행된다. 자신의 입장에서 2~3일 정도 가능한 날짜와 시간을 알려줌으로써 상대에게 선택지를 제공하면 된다. 그러면 상대방도 약속시간을 정하기가 훨씬 수월해진다. 또한 자신이 한가한 시간으로 스케줄이 정해지니 자신의 업무에 차질이 발생할 가능성도 현저히 줄어든다. 바쁜 상사에게 업무를 보고하거나 상의드릴 게 있는 상황에서도 자신이 주도권을 얻을 수 있다.

당신이 상사에게 "보고할 게 있는데, 지금 시간 괜찮으신가요?"라고 물으면 대부분 "지금 시간이 안 되는데, 나중에 오게." 하고 거절당하기 십상이다. 어쩌면 그 후에도 상사가 언제 오는지 또는 언제 사무실에 있는지도 모른 채 기약 없이 마냥 기다리는 상황이 발생할 수도 있다.

그럴 때는 질문을 다른 방식으로 바꾸어 말해보자. "이번 프로젝트에 관하여 보고 드릴게 있는데, 오늘 점심식사 후에 3시 어떠신가요? 20분이면 됩니다." 이런 말투를 습관적으로 하다 보면 당신은 더 이상 상대에게 휘둘릴 걱정 없이 시간을 낭비하지 않아도 된다.

니즈를 파악한 차별화

물건을 거래할 때, 판매자들은 높은 가격에 판매하고 싶어 하고, 구매자들은 낮은 가격에 물건을 구입하고 싶어 한다.

독일의 잘란트 대학교와 뤼네부르크 대학교가 공동으로 진행한 연구가 있다. 이 연구에 따르면 판매자가 단어와 표현을 조금만 바꾸어 말해도 더 좋은 가격에 거래를 성사시킬 수 있다고 말한다. 가령 중고차를 거래한다고 가정해보자. 중고차를 구입하려는 고객에게 판매자들은 이렇게 말할 수 있다.

❶ "150만 원에 팔았으면 합니다."

❷ "150만 원에 차를 드리겠습니다."

두 문장은 150만원에 차를 판매하겠다는 같은 의도가 담겨져 있다.

그러나 판매자가 원하는 가격으로 거래를 성사시킬 가능성을 높이기 위해서는 후자의 문장을 사용해야 한다는 것이 연구팀의 설명이다. 뤼네부르크 대학교 심리학과 로맨 교수는 위의 두 문장을 분석했다.

"150만원에 차를 드리겠다는 말은 소비자에게 이 차를 소유할 수 있다는 느낌을 주기 때문에 상대의 주의를 집중시키는 데 효과적이다. 반면 150만원에 팔고 싶다는 말은 할인이나 혜택을 받는 느낌이 없다. 거래로 잃게 되는 돈에만 집중하게 되고, 고객에게 이 거래를 성사시키기 위해 쏟아 부어야 할 금액을 강조하게 된다."

연구팀들은 이번 연구를 위해 총 8가지의 실험을 진행했다. 놀랍게도 모든 연구결과가 동일하게 나왔다. 판매자가 단어와 표현에 더욱 신중하면 가격을 협상할 때 더 유리한 방향으로 거래가 성사된다는 것이다. 따라서 같은 말이라도 어떻게 하느냐에 따라 매출에도 차이가 발생한다. 판매자가 고객에게 "가격이 너무 비싸요. 깎아주세요"라는 말을 들었을 때에도 강력하게 대처할 수 있는 방법이다. 이는 가격을 낮추지 않고도 물건을 구입하게 만든다. 바로 '차별화'다.

다른 제품과 차별성을 둔다는 것은 단순히 다른 점, 특이한 점을 만든다는 의미가 아니다. 차별성을 두기 위해서는 먼저 고객의 니즈를 파악해야 한다. 같은 말이라도 고객의 니즈를 파악한 뒤, 차별성을 알리는 것과 그냥 차별성을 말하는 것은 완전히 다른 결과를 낳기 때문이다.

일본 작가 사사키 케이이치의 저서 《인생이 바뀌는 말습관》에는 니즈를 파악한 차별성을 통해 엄청난 매출을 올린 카 내비게이션 제조공장 사장의 이야기가 나온다. 이 회사는 내비게이션을 만들어 더 큰 회사에 납품하는 하청회사다. 그러나 매년 가격을 내려달라는 원청회사로 인해 골머리를 앓고 있었다. 작년에도 가격을 3퍼센트 낮춰주었는데 올해는 5퍼센트로 내려달라고 요구한 것이다. 이러한 문제를 해결할 방법으로 사장은 원청회사에게 한 가지 제안을 했다.

"더 높은 가격에 더 좋은 성능의 모델을 만들어보지 않겠습니까?"

그러나 원청회사는 제안을 거절했다. 하청회사 사장은 다시 한 번 제안을 시도했고, 이번에는 다른 방식으로 접근하기로 했다. 더 높은 가격과 더 좋은 성능으로 다른 제품들과 차별화를 시키려는 의도는 변함이 없지만 한 가지 달라진 점이 있었다. 바로 원청회사의 니즈를 파악하는 것이었다. 원청회사에는 다양한 카 내비게이션이 있었는데, 타사와 차별화할 만한 플래그십 모델이 없었다. 사장은 원청회사를 찾아가서 이렇게 말했다.

"회사의 플래그십 모델을 만들어보지 않겠습니까?"

하청회사 사장은 독창적인 기술력으로 세상에 보여줄 최고의 모델을 만들자는 제안을 한 것이었다. 이 말을 들은 원청회사의 사장은 무릎을 탁 치며 "그래요! 당장 계약합시다!" 하고 말했고, 바로 그 자리에서 계약서를 작성해주었다. 사실 내용은 지난 번 제안했던 것과 같은, 고가격에 고성능 모델을 만들어 차별화된 제품을 만들자는 것이었다. 그런데 한 가지 중요한 사실은 상대가 무엇을 바라고 있었는지를 정확히 짚어냈기에 결국 원하는 결과를 얻어낼 수 있었다는 것이다. 납

품단가를 깎던 원청회사는 오히려 더 비싼 상품을 납품하라고 지시했고, 하청공장 사장은 그야말로 인생 역전의 순간을 맞았다.

이렇듯 협상을 해야 하는 상황에서는 같은 내용이라도 다른 결과를 만들 수 있다. 단 한 마디의 미묘한 단어 차이만으로도 전체의 뉘앙스가 달라진다는 것을 명심하자. 자신이 생각하는 것을 그대로 말하지 말고, 상대의 생각과 상황 등을 모두 파악하여 상대가 바라는 것을 스스로 만들어 제공하면 된다. 그러면 아무리 '갑을甲乙 관계'라 할지라도 을이 상황에 대한 주도권을 쥘 수 있다.

주위를 끄는 말투

《톰소여의 모험》을 쓴 미국 소설가 마크 트웨인Mark Twain은 "목사의 설교가 20분을 넘으면 죄인도 구원받기를 포기한다"라고 했다.

남의 말을 길게 듣기란 쉽지 않다. 아무리 좋은 내용을 담고 있는 말이라도 길면 길수록 듣는 이의 마음에 큰 감동을 주지 못한다. 또한 집중력이 떨어지고, 앞서 들었던 내용마저 잊어버리기 쉽다.

핵심만 간결하게

어떤 사람들은 장황하게 말을 늘어놓는 사람이 말을 잘하는 사람이라고 여긴다. 그러나 이는 겉으로 보기에 복잡하고 심오한 것처럼 느껴지는 것뿐이지, 결국 그 말을 들은 사람들은 실속 있는 내용을 기억하지 못한다. 말을 잘하는 사람은 오히려 짧은 시간 내에 핵심만 간결하게 전달하는 사람이다. 꼭 필요한 내용을 다루고, 군더더기 하나 없이 잘 정돈된 말을 사용한다면 듣는 사람이 이해하기에 훨씬 수월하다. 또 그렇게 한 사람을 잘 기억해주기도 한다.

발표를 하거나 강의를 할 때에도 마찬가지다. 사람들은 정보를 얻기 위해 발표나 강의를 들으러 온다. 따라서 발표자나 강연자의 역할은 당연히 정보 전달이다. 그러나 사람들에게 정보전달이 복잡하고, 너무 심오해서 이해가 되지 않으면 청중들은 자신의 목적을 제대로 이루지 못했다고 여겨 불만을 토로한다. 그렇다면 정보전달을 위해 2시간 내내 이야기를 해야 하는 사람들은 어떻게 청중들의 주목을 끌어야 할까? 여기에는 세 가지 방법이 있다.

스티브 잡스의 말투

우선 2005년 스탠퍼드 대학교 졸업에서 스티브 잡스의 연설문을 살펴보자.

"저는 오늘 세계 최고 명문으로 꼽히는 대학의 졸업식에 참석하게 됨을 영광스럽게 생각합니다. 사실 저는 대학을 졸업하지 못했습니다. 태어나서 대학 졸업식을 이렇게 가까이서 보긴 처음이네요. 오늘 제 인생의 세 가지 이야기를 들려주려고 합니다. 그게 전부입니다. 그저 세 가지 이야기일 뿐입니다.

첫 번째 이야기는 '점들의 연결'에 관한 이야기입니다. … 두 번째 이야기는 '사랑과 상실'에 관한 이야기입니다. … 세 번째 이야기는 '죽음'에 관한 이야기입니다. … 먼로 파크에 사는 스튜어트 브랜드라는 사람이 쓴 책《지구백과》최종판의 뒤쪽 표지에는 히치하이킹을 할 수 있는 풍경의 사진이 있었습니다. 그 사진 밑에는 이런 말이 있었습니다. '계속 갈망하라 여전히 우직하게' 이것이 그들의 마지막 작별인사였습니다. '계속 갈망하라 여전히 우직하게' 제 자신에게도 항상 그러기를 원했습니다. 그리고 지금, 새로운 시작을 위해 졸업을 하는 여러분에게 동일한 희망을 가집니다. '계속 갈망하라 여전히 우직하게'…. 대단히 감사합니다."

애플사의 창업자 스티브 잡스Steve Jobs는 뛰어난 언변의 달인으로도 유명하다. 그의 스탠퍼드 대학교 졸업 연설문은 대학 졸업식 명연설 '톱 10'에 들 정도로 유명하다. 그의 연설 속에는 내가 여러분에게 소개해주고 싶은 말투 기술들이 모두 들어 있다.

❶ 결론부터 말하기

❷ 순서 정하기

❸ 클라이맥스에서 끊기

사람들은 자신의 이야기를 할 때, 흔히 마지막에 자신이 전달하고자 하는 메시지를 말한다. 그러나 대화가 길어질수록 상대방은 당신의 말에 집중할 수 없고, 결국 대화 중에 딴 생각에 빠지기 쉽다. 이런 현상을 미연에 방지하기 위해서는 자신의 의도를 먼저 밝혀야 한다. 이를 '결론부터 말하기'라고 한다. 스티브잡스도 앞서 "오늘 제 인생의 세 가지 이야기를 들려주려고 합니다"라고 연설에서 전할 주제에 대해 명확히 언급해주었다.

이렇게 자신이 전달할 주제를 서두에 먼저 언급해주면 상대의 궁금증을 자극할 수 있다. 또한 본론을 들으면서 상대의 집중력을 향상시키고, 이해가 잘 되도록 돕는다. '결론부터 말하기'는 자신의 강연 내용을 총 압축해서 서두에 말해주면 된다. "오늘 저는 여러분에게 주의를 끄는 말투를 세 가지로 나누어 설명해드리려 합니다"라고 잘 정돈된 말로 핵심을 집어주면 관객들이 듣기 훨씬 수월하다.

다음으로 소개할 말투는 '순서 정하기'이다. '순서 정하기'는 말 그대로 자신이 전달할 정보에 순서를 매기는 것이다. 스티브 잡스의 연설을 보면 자신의 인생에 관한 이야기를 세 가지로 분류하여 설명하고 있다.

"첫 번째 이야기는 '점들의 연결'에 관한 이야기입니다."

"두 번째 이야기는 '사랑과 상실'에 관한 이야기입니다."

"세 번째 이야기는 '죽음'에 관한 이야기입니다."

예시처럼 '첫 번째', '두 번째', '세 번째'라고 순서를 말하고, 키워드까지 언급해준다면 사람들은 이야기가 어디까지 진행되고 있는지, 어떤 주제에 대해서 말하고 있는지 한 눈에 파악할 수 있다.

"우선 첫 번째로 알려드릴 말투는 '순서 정하기'인데요."

"두 번째로 소개해드릴 말투는 '결론부터 말하기'입니다."

"자, 세 번째! 마지막으로 알려드릴 말투는 '클라이맥스에서 끊기'입니다."

너무 딱딱하게 말하기보다는 자연스럽게 순서를 언급해주는 게 좋다. 청중들은 다음 주제에는 어떤 말을 할지 알고 듣기 때문에 내용이해가 잘될 뿐더러 몰입도 또한 매우 높을 것이다. 이러한 긍정적인 측면은 청중뿐만 아니라 강연자에게도 영향을 준다.

강연자는 말하는 도중에 주제에서 벗어나지 않도록 내용을 잘 조절할 수 있고, 다시 한 번 주제를 각인하고 머릿속에서 내용을 빠르게 정리할 수 있다. 머릿속이 정리되니 신선한 콘텐츠들이 떠오르고, 더 좋은 정보들을 관객들에게 전달할 수 있다.

마지막으로 '클라이맥스에서 끊기'는 상대가 꼭 기억해 두었으면 하는 말을 강조할 때 사용한다. 이는 '자이가르닉 효과Zeigarnik effect'라고도 불린다.

러시아의 심리학자 블루마 자이가르닉Bluma Zeigarnik는 "미완의 행위가 완료된 행위보다 더 기억에 남는다"라는 심리법칙을 발견했다. 그녀가 레스토랑에서 계산을 마친 웨이터에게 방금 고객이 주문했던 메뉴가 무엇이었는지 물었을 때, 웨이터는 전혀 기억을 못하는 데에서 발견한 법칙이다. 주문을 처리하기 전에는 일이 완결되지 않았기 때문에 계속 주문 내용을 기억하려고 하지만 주문이 끝나면 기억할 필요가 없어 곧바로 잊어버린다는 것이다.

그녀는 이를 토대로 흥미로운 실험을 진행했다. 참가자 164명을 대상을 두 집단으로 나누어 간단한 과제를 주었다. 한 집단은 과제를 수행하고 있을 때 아무런 자극을 가하지 않았고, 다른 한 집단은 과제를 도중에 중단시키거나 다른 과제로 넘어가게 함으로써 어떠한 자극을 가했다.

실험이 끝나고 난 뒤, 과제를 하는 중에 자극을 준 집단이 아무런 자극을 받지 않은 집단보다 2배 이상 과제에 대해 더 잘 기억해 냈다. 또한 자극을 받았던 집단이 기억해 낸 과제 중 68퍼센트는 중간에 그만둔 과제였고, 끝까지 완수했던 과제는 32퍼센트만 기억해 내는 데 그쳤다.

스티브 잡스는 '계속 갈망하라 여전히 우직하게'라는 말을 총 3번 반복했고, 마지막으로 말할 때는 문장을 말하고 난 후, 2초 정도 쉬었다. 이는 연설의 중요한 부분을 강조하기 위해 미완의 상태로 잠시 두는 것을 말한다. 자신이 가장 중요하다고 생각되는 말에 이 기술을 사용하면 사람들은 '연설자가 중요하게 생각하는 부분이구나'라는 사실을 알 수 있다. '잠시 멈추기' 뿐만 아니라 핵심을 말하기에 앞서 미리 주의를 언급하는 방법도 있다.

"딱 한 번만 말하겠다."

"여기서만 하는 이야기인데…."

"지금부터 하는 얘기는 잘 들으세요."

"시험에 나옵니다."

"가장 중요한 것은…."

이런 말들을 통해서 "이제 중요한 이야기를 할 테니 잘 들으세요"라는 말을 전하는 것이다. 지루해하는 사람들은 강연자의 말에 집중할 것이고, 말을 듣기 위해 귀를 쫑긋할 것이다. 사람들 앞에서 말할 때, 청중들이 집중하도록 만들려면 중간에 "지금 해줄 말만 잘 들어도 여기 오신 보람이 있을 것입니다"라고 말해보자. 그럼 사람들은 졸다가도 눈이 번쩍 뜨일 것이다.

침묵이 때로는 말보다 위대하다

살다 보면 말에 침묵이 필요할 때가 있다. 늘 좋은 말만 하면 좋겠지만, 말하고 싶은 본능에 의해 이런 저런 말을 다 하다 보면 나쁜 말, 해서는 안 되는 말 등 자신의 의도와 다르게 말이 툭 튀어나올 때가 있다.

우리는 말실수를 저지르고 나면 '상대가 나를 어떻게 생각할까?' 하는 걱정이 꼬리를 물어 상황은 더 악화된다. 이 실수를 만회하기 위해 말을 계속해서 덧붙이게 되고, 오히려 쓸데없는 말을 더 하게 된다. 침묵은 비언어적 요소 중 가장 강력한 힘을 지녔다. 사람의 의도를 드러내지 않으면서 동시에 타인에게 압박감을 줄 수 있는 표현이다. 침묵은 말로 전부를 표현할 수 없는 심오한 감정이나 다양한 의미를 담고 있다.

2017년 4월16일, 서울 잠실종합운동장에서 콜드플레이Coldplay의 내

한 공연이 있었다. 이들은 히트곡 중 하나인 'Yellow'를 부르던 중 갑작스레 공연을 멈췄다. 그러고 나서 멤버 중 한 명인 크리스 마틴Chris Martin이 "오늘이 세월호 3주기다. 희생자 모두에게 사랑을 보내고, 이들을 기억하는 의미로 10초간 묵념했으면 좋겠다. 묵념한 후에 공연을 다시 시작하겠다"라고 말했다. 사람들이 10초간 묵념할 동안 무대 위의 대형 스크린에는 추모의 뜻을 담은 노란 리본이 띄워졌다. 고요함 속에 잠겨있는 침묵은 사람의 생각을 깊어지게 만든다. 또한 사람들의 마음에 진한 감흥을 남긴다. 이렇듯 침묵할 때, 안 할 때를 잘 분별하는 사람은 자신의 가치를 스스로 높일 줄 아는 사람이다.

침묵공포증

같이 있으면 지칠 정도로 수다스러운 사람들이 있다. 입을 잠시도 쉬지 않고, 필요한 말, 쓸데없는 말을 가리지 않고 계속해서 말한다. 이런 사람들과의 대화는 활기차고, 즐겁다고 여기기보다는 지겹고, 지치는 경우가 다반사다. 이들은 '침묵공포증'을 앓고 있는 사람들일지도 모른다. 침묵공포증이란 대화 도중에 침묵이 오는 순간을 두려워하여 계속해서 말을 하는 증상을 말한다.

낯선 사람과 대화를 하거나 공적인 일로 마주하는 관계에 있는 사람과는 침묵이 흐르는 경우가 꽤나 있다. 이런 침묵은 서로 어색하게 만들고 당황하게 한다. 어색한 순간을 견디지 못하고 과장된 표현을 하거나 오버액션을 하는 사람도 있다. 분위기를 억지로 띄우려다 보니 대화에 탄력이 붙지 않는다. 침묵의 순간이 오면 '내가 한 말에 기분이 상했나?', '나랑 대화하기 싫은가?'와 같은 불안한 심리를 느끼게 된다. 이런 순간은 정말로 두렵고 거북하게 느껴진다. 그러나 침묵을 거부하기 위해 입 밖으로 말을 꺼내는 행동에만 집중한다면 결국 시간이 지나고 나서는 후회하게 된다.

미 위드너대 임상심리 대학원 할 쇼리 부교수는 생각나는 대로 말하는 사람에게 이런 말을 했다. "스스로에게 다음과 같은 질문을 던져 보십시오. '이렇게 떠들고 나면 불안감이 해소될까? 더 많이 후회하지 않을까?' 아마 주절대기 전에 생각할 여유가 있었다면 쓸데없는 말은 입을 다무는 사람이 대부분일 것입니다."

우리는 말할 때 항상 머릿속으로 '꼭 해야 될 말인가'를 생각해야 한다. 이는 말을 어떻게 해야 할지에 대한 고민보다 더 중요한 것이다. 대화에서 찾아오는 잠깐의 침묵을 견디지 못해 쓸데없는 말을 늘여놓기보다 상대의 말에 귀를 기울이도록 하자. 침묵을 깰 첫마디로 상대의 의견을 묻는 질문도 좋고, 침묵을 여유롭게 바라보면서 상대가 먼저 이야기를 꺼내면 그 말에 귀를 기울이려는 준비를 해도 좋다. 분위기가 너무 무겁거나 어색하다고 느껴진다면, 기분전환을 하기 위해 몸을 움직이거나 함께 있던 공기를 바꾸어주는 것도 좋다.

"시원한 커피 한 잔 마시면서 이야기 나눌까요?"

"공기가 덥네요. 창문 좀 열어도 될까요?"

이러한 방법으로 음료를 마시거나 공기를 환기시켜 주는 것은 대화의 분위기를 바꾸고, 사람의 심리 상태를 쾌적하게 만들어주는 데에 굉장히 도움이 된다.

오찬 효과

미국 예일 대학교의 심리학자 어빙 재니스Irving Janis는 오찬 효과에 대하여 흥미로운 실험을 했다. 대학생들을 대상으로 '25년 이내에 암 특효약이 개발된다'는 말을 설득시키고, 이에 동의하는 학생의 비율을 측정하는 실험이다. 한 그룹에는 '25년 이내에 암 특효약이 개발된다'라고 설득을 하면서 과자와 콜라를 제공했고, 다른 그룹에는 어떠한 음식도 제공하지 않았다. 그 결과 음식을 제공한 그룹에서는 설득에 동의하는 학생의 비율이 81.1퍼센트였고, 음식을 제공하지 않았을 때에는 61.9퍼센트에 불과했다고 한다. 이는 음식을 제공하는 것만으로 상대방의 설득에 동의하는 사람의 비율이 약 20퍼센트 정도 오른 것으로 드러났다.

우리는 맛있는 음식을 먹으면 심리상태가 밝아지고 쾌적해진다. 이러한 심리는 서로에게 좀 더 개방적이게 되고, 친밀감을 높이는 데에 도움이 된다. 따라서 대화가 끊겨 숨 막힌 침묵이 흐르고 있을 때는 상대에게 간단하게 마실 수 있는 커피나 음료 등을 함께 마시자고 제안하거나 실내에 새로운 공기가 흐르도록 환기를 시켜주자.

자신의 이야기로 대화를 이끌어 가려다 보면 말실수를 할 가능성도 높다. 어색한 순간을 무마하기 위해 갑작스럽게 꺼낸 자신의 비밀 또는 굳이 안 해도 될 이야기들로 후회하게 만든다. 그러나 상대의 말에 귀를 기울이거나 음료 제안하기, 주변 공기를 쾌적하게 바꾸는 것으로 침묵을 깬다면 나중에 말로 후회할 일은 없을 것이다.

생각하는 시간

"이 안건에 대해 어떻게 생각하시나요?"

"글쎄요…."

"저는 시장조사를 거친 후에 실행하는 게 좋다고 생각하는데요. 어떻게 생각하세요?"

"흠…."

"데이터 분석을 하는 것도 좋겠네요. 어떻게 생각하세요?"

"흠…."

질문을 한 사람은 상대가 대답을 하지 않고, 침묵으로 일관하니 어색한 상황이라고 느낄 수도 있다. 그래서 계속 자신의 의견과 질문으로 침묵을 깨려고 한다. 그러나 대답하는 입장에서는 오히려 짜증이 날 수도 있다. 의견을 물어봤으면 생각할 시간을 줘야 하는데, 질문에 대한 생각을 하고 있는 찰나에 상대방은 또 다른 질문을 한다.

위와 같은 상황에서 침묵은 상대방이 당신의 말을 이해하고, 이에 대한 의견을 생각하는 시간이다. 곰곰이 생각해야 할 질문을 상대방에게 던졌다면 그 후에는 차분하게 기다릴 줄 아는 자세를 가져야 한다. 그 시간을 기다려주지 못하고, 계속 질문을 하거나 말을 걸면 상대는 생각의 흐름이 자꾸만 끊기고 만다. 결국 상대는 기분이 상하고, 당신은 좋은 답변을 듣지 못하는 상황이 발생한다.

우리는 대화가 어색하게 끊겨 초조함을 느낄 때 발생하는 침묵과 상대방이 생각할 수 있도록 기다려주어야 하는 침묵을 잘 구분해야 한다. 초조함을 느끼는 침묵은 상대와의 대화가 갑자기 뚝 끊기거나 대화를 나눌 소재가 떨어져 어색해지는 것을 말한다. 이때에는 그 침묵을 깰 어떠한 행동을 하는 것이 도움이 된다. 그러나 당신이 상대에게 질문을 한 후에 생긴 침묵은 상대방의 생각에 흐름이 끊기지 않도록 기다려줘야 할 순간이다.

"이 안건에 대해 어떻게 생각하시나요?"

"글쎄요…."

"…." (묵묵히 기다려준다.)

"저는 이 안건이 과거에 비슷한 사례들과 연관이 있다고 생각합니다. 현재 검증된 자료들을 토대로 자료 분석을 하면 어떨까 싶습니다."

당신이 질문을 한 후에 생긴 침묵은 상대의 입장에서는 어색한 침묵이라고 느끼지 않는다. 오히려 상대방은 그 침묵을 이어가주길 바란다. 그러니 당신은 느긋하게 그 침묵을 기다려주면 된다. 생각의 흐름을 방해하지 않고, 상대가 충분히 사고할 수 있도록 배려해주어야 할 상황에서는 침묵을 금으로 여기도록 하자. 그렇게 한다면 상대방은 자신의 발언권을 인정받았다는 기분을 느끼고, 당신에게 고마워할 것이다.

리더의 말투

우리 사회는 뿌리 깊은 상명하복 문화가 존재한다. 나는 회식자리에서 신입사원이 직급순대로 수저를 놓고 선배가 후배에게 존댓말을 해서 윗사람의 지적을 받는 모습을 보았다.

지금 시대가 바뀌고 과거보다는 많이 나아졌다고 하지만, 부하직원을 수직적인 관계로 대하는 상사는 여전히 많이 존재하고 있는 실정이다. 경영진이 직원들에게 일방통행 방식으로 소통을 한다면 이 기업은 망하는 기업이 될 수밖에 있다.

인간의 절대적 가치

카카오톡, 우아한 형제들, 오콘 등 13개의 유명 기업에서 이사직을 맡고 있는 박용후 씨는 저서《관점을 디자인하라》에서 "망하는 사람 또는 망하는 기업에는 공통점이 있다. 그 공통점 중 하나는 '교만하고 건방지다'는 것이다. 건방지면 다른 사람들을 무시하게 되어 있다. 누군가를 무시한다는 것은 앞이 안 보인다, 즉 눈에 보이는 것이 없다는 말이다. 눈이 멀었기 때문에 판단할 수 있는 지표가 그들에게는 보이지 않는다. 따라서 올바른 선택을 할 수 없게 된다"라고 말한다.

누군가를 무시하는 행동은 자신의 적을 만드는 것과 같다. 자신을 무시하는 사람을 좋아하는 사람은 아무도 없다. 그러니 주변에 온통 적들이 득실거리는 CEO나 임직원들을 둔 기업이 잘 될 리가 있겠는가. 여기에 부하직원의 의견을 적극 수용하여 큰 히트를 얻은 회사가 있다. 바로 소니sony이다. 현재 소니의 최고 고문인 이데 노부유키는 창업자 중 한 사람인 모리타 아키오에게서 4가지의 가르침을 받았다고 한다.

❶ 항상 긍정적으로 만사를 즐길 것

❷ 성별이나 연령과 입장 등에 관계없이 항상 대등하게 이야기할 것

❸ 잠시도 쉬지 않고 노력할 것

❹ 관혼상제에는 상투적인 문장을 쓰지 않고 스스로 전보문을 생각할 것

소니는 1979년에 '워크맨'을 선보여 휴대용 음향기기 시장을 장악했다. '아이팟'이 출시되기 전까지 2억 대를 판매하였는데, 이는 '항상 대등하게 이야기할 것'이라는 가르침에서 나온 제품이다. 한 부하직원이

'걸으면서 다양한 음악을 듣고 싶다'는 의견을 내놓았다. 그리고 모리타 아키오는 부하직원의 의견을 대등하게 받아들였기 때문에 이러한 결과가 나온 것이다.

진정한 리더라면 부하직원 또는 주변 사람들에게 무시하는 말을 사용해서는 안 된다. 항상 자신과 대등한 입장에서 상대방을 수용하려는 자세가 필요하다. 부하직원을 부를 때는 "야!"가 아닌 "ㅇㅇ씨!"로 부르고, "ㅇㅇ해라"가 아니라 "ㅇㅇ좀 부탁해요"라고 존중하는 말을 사용해야 한다. 사람은 지위가 높을수록 주로 명령어를 쓰게 된다.

이는 요청이 아니라 명백한 명령어이므로 상하관계를 확실히 구분짓는 말이다. 이런 말을 들으면 직원들은 상관의 명령을 거절하거나 불만이 생겨도 반감을 드러내기가 어려워진다. 또한 명령하는 말로 직원들을 은연중에 자신의 아랫사람이라고 여기게 만든다. 이러한 이유에서 직원들은 자칫 잘못 말했다간 자신의 위치까지 잃을까 두려워 아무런 저항도 할 수 없다.

그러므로 자신의 권위를 이용하여 상대를 심리적으로 눌러버리는 사람들은 진정한 리더라고 볼 수 없다. 누구든 자신보다 '잘났다', '못났다'를 나눌 수 있는 자격을 가진 사람은 없다. 이 세상에는 절대적인 인간의 가치라는 것이 존재하기 때문에 이를 훼손하는 사람은 돈이 많든, 지식이 많든 간에 모든 사람들에게 질타를 받게 된다. 상대를 대하는 행위에서 자신의 더러운 인격이 드러나는 것이다. 자신이 만인의 입방아에 오르내리고 싶지 않다면, 상대를 본인에게 대하는 것처럼 존재를 아끼고 사랑해주어야 한다.

훌륭한 리더는 포용력을 갖추고 있다

당신이 회사 직원에게 어떤 상사라 불리는지, 또는 어떤 사장이라고 불리는지 알고 싶은가. 그렇다면 한 가지 방법이 있다. 회의시간에 직원들에게 "의견을 편안하게 말해주세요"라고 말해보자. 말이 떨어지자마자 서로 의견을 말하려 한다면, 당신은 굉장히 훌륭한 리더이다. 회사 직원들은 당신을 존경하고 신뢰하며 늘 돕고 싶어할 것이다. 그러나 직원들이 당신의 눈치를 보거나 눈을 마주치지 않기 위해 딴청을 피운다면 조금 반성할 필요가 있다.

사실 직장에서 윗사람에게 자신의 의견을 말하기란 쉽지 않다. 그 이유는 자신의 견해에 자신감이 없어서이기도 하지만, 상사에게 질책을 당할까 두려워서 말 못하는 걱정이 가장 큰 요소로 작용한다. 의견을 제시하라고 해놓고선 의견을 말함과 동시에 일방적으로 묵살 당하기 때문이다. 리더는 직원의 생각을 키워주기 위해 지적했다고 말하지만, 이는 쓸데없는 참견에 불과하다.

관심과 간섭은 언뜻 보면 비슷한 듯하지만, 그 속의 의미가 매우 다르다. 지적을 통해 상대를 발전시키고, 성장시키려는 목적이라면서 이를 관심이라고 여기겠지만, 당사자가 느끼기에 명백한 간섭이고, 참견이다. 누군가가 당신에게 조언을 구하기 전까지는 입을 다물고 있어야 한다. 부탁하지도 않았는데, 무턱대고 상대방에게 자신의 생각을 가르치려는 행위는 타인의 생각에 무임승차하는 것과 같다.

직원들이 생각을 공유하며 서로 성장하도록 돕고 싶다면 방법은 간단하다. 입을 다물어라. 직원의 의견에 이러쿵저러쿵하지 않으면 된다. 직원의 견해를 들으면 "오, 그렇군."처럼 간단한 맞장구 한 마디로 충분하다. 누군가를 진심으로 위하고, 관심과 애정을 표현하고 싶다면 쓸데없는 참견을 줄여야 한다.

리더는 사람들을 이끌어가는 힘도 중요하지만, 많은 사람들을 포용할 수 있는 넓은 아량 또한 중요하다. 2009년 6월 21일, 한겨레 신문에서는 오바마Barack Obama 미국 전 대통령이 미국의 제 40대 대통령이었던 로널드 레이건Ronald Wilson Reagan을 칭찬하며 인정했던 말을 뉴스거리로 언급했다. 레이건은 미국의 보수를 대표하는 대통령이었고, 오바마는 이와 완전히 반대되는 정책을 주장했던 사람이다. 또한 오바마는 레이건에 의해 추진된 경제정책인 '레이거노믹스reaganomics'를 하나하나씩 뜯어고치고 있었다. 그러나 오바마는 레이건에 대해 이런 말을 했다.

"레이건 대통령은 미국에 대한 낙관적 시각을 회복하게 했다. 이러한 낙관적 시각이야말로 지금처럼 힘겨운 시기에 우리가 필요로 하는 것이다."

오바마의 이런 태도는 이념과는 상관없이 포용력 있게 상대를 받아들이는 진정한 리더의 모습을 보여주었다. 진정한 리더는 상대가 자신의 의견과 다른 생각을 가지고 있더라도 상대를 인정하는 여유와 포용할 수 있는 마음을 가지고 있어야 한다. 이러한 것들이 리더가 가져야 할 꼭 필요한 자질이다.

따라서 리더라면 리더답게 구성원들을 포용할 수 있어야 한다. 자신의 부하직원이나 동료들이 서투른 아이디어를 제시했다고 해서 바로 틀렸다고 지적하기보다는 그렇게 생각한 이유를 물어보는 것이 우선이다. 이유를 묻는 질문에는 상대의 아이디어에 관심이 있고, 또 그 의견 자체를 존중한다는 전제가 깔려 있다. “어떻게 그런 생각을 했어요?”, “그렇게 생각한 이유가 뭔가요?”라며 관심을 표하고, 의견을 충분히 들어본 뒤에 말을 해도 늦지 않다. 경청의 과정을 충분히 거친 다음에, 그 의견에 뭔가 부족한 점이 있다고 느낀다면 “고민 많이 하셨네요. 그런데 이런 면에서 문제가 발생할 거 같은데, 이런 건 어떻게 할 수 있을까요?”라고 물어보자.

질문을 통해 상대에게 도전적인 방향성을 제시하고, 구체적인 행동으로 옮길 수 있도록 돕는 것이야말로 상대를 진정 위하는 길이다. 따라서 앞으로 리더가 될 사람이라면 당신은 다양한 사람들의 의견을 듣고, 그들의 말을 존중해주어야 한다. 또한 자신의 권위를 내세워 본인이 원하는 방향으로 사람들을 몰아가지 않아야 한다. 경청과 포용만 잘하더라도 리더의 자질을 충분히 갖추었다고 볼 수 있다.

대화를 나누기 전에 먼저 양해를 구하라

양해 구하기

외출 후, 막 회사로 돌아온 상사를 복도 한 가운데다 세워두고, 업무 이야기를 하는 사람들이 있다. 그 직원의 입장에서는 기다리고 기다리던 상사가 드디어 사무실에 왔고, 이때를 놓치면 안 되겠다고 여겼을 것이다. 그러나 상사는 직원의 말을 받아들일 준비가 되지 않았다. 이런 상황이라면 상사는 직원의 말이 귀에 들어올 리가 없다. 결국 어떤 상황이 벌어질까? 부하직원은 상사에게 자신의 의견을 말했고, 이해하고 있을 것이라 여긴다. 그러나 상사는 직원이 하는 말을 건성으로 듣게 되고, 나중에는 이야기했는지도 모른 채 머릿속에서 싹 잊어 버린다.

"제가 전에 말씀드린 안건은 어떻게 돼 가나요?"

"어떤 안건?"

"저번 주에 말씀드렸던 ㅇㅇ 안건 말입니다."

"언제 이야기했어?"

"그때 검토하고 말씀해주신다고…."

"내가 언제 그랬어? 제대로 와서 정확하게 말했어야지."

"정확히 말씀드렸는데요…."

"그럼 내가 지금 거짓말한다는 거야?"

이렇게 '말을 했다, 하지 않았다'를 가지고 서로 공방전을 벌이는 경우를 흔히 보게 된다. 직원은 분명 이야기 했는데, 못 들었다고 하니 억울한 상황이 벌어지고, 상사는 들은 기억이 없으니 '정확하게 말하지 않았다'는 말로 무마시키려 한다. 상사가 직원에게 정확하게 말하지 않아서 이런 일이 벌어졌다고 말하니 더 이상 반박할 수 있는 여지도 없이 결국 직원의 잘못이 되어버린다.

이러한 오해를 벗어나기 위해서는 먼저 상대방이 말을 들을 수 있는 상태로 만들어 놓는 것이 급선무다. 방법은 굉장히 간단하다. 말을 꺼내기 전에 먼저 "드릴 말씀이 있습니다"라고 사전 예고를 하는 것이다. 무턱대고 자기가 전하고 싶은 말을 꺼내기보다는 미리 양해를 구하면 상대는 당신의 말에 경청할 준비를 할 수 있다. 또한 상대방은 '저 친구가 무슨 말을 하려는 거지? 궁금하네'라는 심리가 생겨 더 관심을 기울이게 될 것이다.

"질문이 하나 있습니다."

"잠깐 시간 좀 내줄 수 있나요?"

"잠시 여쭤볼 게 있습니다."

"중요한 이야기를 하고 싶은데, 자리 좀 옮길까요?"

"제 말 좀 들어주시겠습니까?"

"ㅇㅇ 안건에 대해 이야기를 나누고 싶습니다."

당신이 '이제부터 이야기를 꺼낼 테니 잘 들어주세요'라는 마음을 상대에게 인지시켜주면 더 이상 "전에 제가 말씀드렸는데요"라는 말로 골머리를 앓지 않아도 된다. 상대가 "네, 그렇게 하죠"라는 대답을 하는 순간이 바로 상대가 당신의 말에 경청할 준비가 되었다는 신호이다. 당신은 이 순간부터 조급해할 필요 없이 상대방에게 편안하게 자신의 의견을 말하면 된다. 이러한 행동은 인간관계에서 상대를 배려하는 중요한 일임에도 불구하고 사람들은 이를 가볍게 생각한다. 본론으로 들어가기 전에 양해를 구하는 것은 비즈니스에서 가장 기본적인 매너일 뿐만 아니라 일상생활에서도 필요한 표현이다.

상황을 먼저 파악하라

평소 나는 누군가와 대화하고 소통하는 것을 좋아한다. 그러나 나 또한 대화를 피하고 싶은 상황이 있다. 막 이사를 끝내고, 며칠 뒤에 있을 집들이 손님들을 위해 여기저기를 돌아다니며 장을 보고 있었다. 푸짐하고 맛있는 음식들을 해주고 싶은 마음에 대형마트에서 가득 장을 본 터라 양 손에는 짐을 한가득 들고 있었다. 마트를 나와 해산물과 반찬을 사기 위해 시장에 잠시 들렀다. 그때 주머니에서 핸드폰 벨이 울렸다. 물건을 가득 들고 있어 손도 부족하고 사람들도 많아서 전화를 받기가 힘든 상황이었지만, 몇 번 고민하다가 전화를 받게 되었다.

"지금 뭐해?"

"저 지금 시장에서 장 좀 보고 있어요."

"어? 그래? 뭐 맛있는 거 하게?"

"네. 며칠 뒤에 집들이가 있어서요."

"아, 맞다. 이번에 이사했다고 했지?"

"네. 근데 제가 지금 시장 안이라 나중에 다시 전화할게요."

내 주변이 너무 시끄러워서 잘 들리지도 않을뿐더러 전화를 받기 위해 짐을 바닥에 내려둔 상황이라 움직일 수도 없었다. 잠깐만 통화하려고 했는데, 지인은 전화를 끊으려 하지 않았다.

"왜? 벌써 끊게? 나 할 말이 있는데, 그냥 듣기만 하면 안 돼?"

"제가 지금 짐이 많아서요. 나중에 하면 안 될까요?"

"잠깐이면 돼. 내가 모처럼 전화했는데, 벌써 끊으려고 하니까 좀 서운하네."

이렇게까지 말하는데, 매정하게 전화를 끊기가 미안해서 어쩔 수 없이 이야기를 들어주었다. 대화의 내용은 본인이 오늘 밖에서 황당한 일을 겪은 것에 대한 이야기였다. 평소 같았으면 그 마음에 공감해주고, 맞장구도 치면서 즐거운 대화를 이어 갔을 텐데, 통화가 불편한 상황에서 그런 말을 듣고 있자니 대화 내용이 귀에 들어오지 않았다. 분명 상대방이 지금 이야기를 들어줄 상황이 아니라는 것을 본인도 모르는 것은 아니었을 것이다. 그런데도 말하고 싶은 마음이 앞서 상대의 입장을 전혀 고려해주지 않았다. 상대방과 소통하는 것은 자신의 유한한 시간 중 일부를 그 사람에게 사용하는 것과 같다.

상대방에게 '당신의 시간을 빌릴 수 있을까요?'라고 미리 양해를 구해야 하는 것은 당연한 일이다. 더군다나 전화로 상대방과 소통할 때는 더더욱 주의를 기울여야 한다. 통화는 직접 마주하고 대화하는 것이 아니기 때문에 상대가 어떤 상황인지, 무엇을 하고 있었던 상황인지 알지 못할 뿐더러 상대의 기분을 파악하기도 어렵다. 따라서 통화가 되자마자 무턱대고 자신의 이야기만 하는 것은 굉장히 무례한 짓이다.

통화의 기본예의는 상대방이 전화를 받을 상황이 되는지를 살피는 것에서부터 시작되어야 한다. 전화로 소통을 시작하기 전에 "지금 통화 가능한가요?"라고 물어보자. 이렇게 물으면 상대방은 통화가 가능한지, 아닌지 또는 언제까지 통화가 가능한지에 대해 나름대로 자신의 상황을 설명해준다. 상대방의 현재 상황을 알게 되니 당신은 대화를 느긋하게 또는 길게 해도 될 때와 용건만 간단히 하고 전화를 끊어줄 때를 구분할 수 있게 된다. 누군가가 당신과의 대화를 빨리 마무리 짓고 싶어 한다는 마음을 알게 된다면 얼마나 섭섭할까.

그러나 서운함을 먼저 느끼기 전에 당신에게 갑자기 걸려온 전화로 인해 난감했던 상황을 떠올려보자. 당신의 전화를 받는 상대방도 그때 당신이 겪었던 상황과 비슷한 경험을 하고 있다는 생각이 든다면 자연스레 상대를 배려하는 말을 내뱉게 될 것이다. 전화를 하려는 상대방과 길게 통화하고 싶다면, 우선 상대에게 "지금 통화가능해요?"라고 물어보자. 상대의 반응에 따라 당신은 말을 조절할 수 있고, 상대가 여유 있는 상황이라면 당신은 편안한 마음으로 대화하는 시간을 즐길 수 있을 것이다.

5부

분노를 잠재우는 말투

적이 당신을 한 번 돕게 되면, 더욱 당신을 돕고 싶어 하게 된다.
–벤저민 프랭클린

기분 좋게 부정의 뜻을 비치는 말투

"디자인은 마음에 드는데, 색깔이 별로네요."

"색깔은 별로지만, 디자인이 마음에 드네요."

두 문장을 서로 비교해봤을 때 어떤 차이가 있을까? 두 문장은 모두 디자인은 예쁘고, 색깔은 예쁘지 않다는 말을 하고자 한다.

첫 번째 문장은 앞부분에 장점을 배치하고, 뒷부분에 단점을 배치했다. 이 말을 들으면 왠지 거절을 당한 기분이 든다. '색깔이 별로'라는 말에 집중되면서 말의 전체적인 분위기가 부정적으로 바뀌었다. 반면 두 번째 문장은 앞부분에 단점을 배치하고, 뒷부분에 장점을 배치했다. 이 문장은 '색깔이 별로'라고 했지만, 뭔가 기분 좋게 들린다. 단점은 작게 보이고, 장점이 부각되게 하는 문장이다. 이처럼 문장의 순서만 바뀌어도 말의 뉘앙스가 완전히 달라진다는 사실을 알 수 있다.

말의 순서가 뉘앙스를 결정한다

미국의 심리학자 엘리엇 애런슨Elliot Aronson과 다윈 린더Darwyn Linder는 말의 순서에 대해 흥미로운 실험을 했다. 그들은 실험 협조자들에게 실험 대상자들을 향해 네 가지 조건으로 이야기하도록 했다.

조건1. 일관되게 상대방을 칭찬해준다.
조건2. 처음에는 칭찬, 나중에는 부정적인 평가를 내린다.
조건3. 처음에는 부정적인 평가, 나중에는 칭찬을 해준다.
조건4. 시종일관 상대방에게 부정적인 평가를 내린다.

이러한 조건에 따라 실험 대상자들은 상대에 대한 호감도를 측정했다. 실험결과, 실험 대상자들은 '조건3. 처음에는 부정적인 평가, 나중에는 칭찬을 해준다'에서 가장 높은 호감도를 보였다. 반면 가장 낮은 호감도를 보인 것은 '조건2. 처음에는 칭찬, 나중에는 부정적인 평가를 내린다'였다. 이 실험은 마지막에 한 말이 처음에 했던 말의 내용까지 영향을 준다는 사실을 보여준다. 따라서 말의 순서만 바꾸어도 상대에게 부정적인 의미를 비칠 때도 좋은 느낌으로 전달할 수 있다. 앞부분에는 부정적인 평가를 먼저 한 뒤, 마지막에는 긍정적인 평가를 하면 된다.

"자네의 보고서는 내용은 알차고 좋은데, 구성이 별로군."

"자네의 보고서는 구성은 별로인데, 내용은 알차고 좋군."

"당신은 일은 잘하지만, 잘난 척이 심해."

"당신은 잘난 척은 심하지만, 일은 잘해."

말의 순서에 따라 두 문장의 에너지가 다르다. 첫 번째 문장은 부정적인 에너지가 전해지는 반면, 두 번째 문장은 말에 긍정적인 에너지가 느껴진다.

말투는 감정언어이다. 말 한 마디로 상대의 기분을 좌지우지한다. 상대방이 듣기에 자신을 지적하는 말을 좋아할까? 아니면 칭찬인지 지적인지는 알 수 없지만, 왠지 칭찬받는 기분이 드는 말을 좋아할까? 당연히 후자일 것이다. 이렇듯 사소한 말 한 마디 한 마디에 관심을 기울인다면, 상대는 당신에게서 전과는 다른 에너지를 느끼게 될 것이다. 이러한 작은 변화가 당신의 인간관계를 밝은 방향으로 나아가도록 도울 것이다.

말의 순서를 응용해서 사용한다면, 이렇게 활용할 수 있다. 친구들과 놀기로 약속한 자녀에게 부모는 숙제를 하고 가라는 말을 하고 싶을 때 이렇게 말할 것이다. "친구들하고 놀러가기 전에 숙제를 끝내도록 해라." 그러나 이렇게 말하면 자녀들은 짜증을 내거나 부모의 말에 반감을 가지게 된다.그 이유는 숙제를 하라는 말이 더 강조되었기 때문이다. 이럴 때는 '숙제'를 앞쪽에 배치하고, '친구'를 뒤쪽에 배치해서 "숙제를 끝내면 친구들하고 놀아도 좋아"라고 말하면 된다. 'ㅇㅇ하기 전에'를 'ㅇㅇ한 후에'라는 표현으로 바꾸어 말하면 자연스레 앞과 뒤에 올 단어가 자리를 바꾸게 된다.

"저녁을 다 먹으면 과자를 먹어도 좋아."

"외출 후에 바로 샤워를 하고 나오면 TV를 봐도 돼."

"블록을 정리하면 잠을 자러 가도 좋아."

'할 수 있는 것'에 초점 두기

당신은 상대의 제안에 단 한마디도 거절하는 단어를 사용하지 않고 거절하는 방법을 알고 있는가? 만약 직장상사가 어떤 업무를 주면서 "이 자료를 6시까지 끝내놓도록 하게." 하고 말했다고 가정해보자. 당신은 그 시간 안에 끝마칠 수 없다고 판단되면, 어떤 말로 거절하는가. 아마 "6시까지는 무리예요." 하고 말할 것이다. 그러나 '안 되는 것'에 초점을 맞추기보다 '할 수 있는 것'에 초점을 맞춰 대답한다면 어떤 대답이 나왔을까?

인간관계에서 가장 꺼리는 말 중 하나가 바로 거절하는 말이다. 거절을 하려면 그만큼의 용기가 필요하다. 자신이 부탁을 거절함으로써 상대와의 거리가 멀어질 것을 우려하기 때문이다. 그렇다고 해서 상대의 부탁을 마지못해 들어주거나 애매한 대답으로 일관한다면 상황은 더욱 악화될 뿐이다. 당신이 상대의 부탁에 질질 끌려다니고 싶지 않다면 거절하는 말을 사용하지 않고, 거절하는 방법을 알아야 한다.

앞서 들었던 직장상사의 요구에 다른 시각을 바라보고 말한다면, 이렇게 답변할 수 있다. "자료가 너무 방대하네요. 이건 내일 점심시간 전까지는 끝낼 수 있겠는데, 그래도 괜찮으신가요?" 이 대답에는 거절하는 단어를 하나도 사용하지 않았다. 동시에 자신의 견해까지 밝혔다.

직장상사는 부탁한 일이 오늘 당장 6시까지 마쳐야 될 업무라면 다른 사람에게 부탁할 것이고, 내일까지 끝내도 상관이 없다면, 그렇게 하라고 지시할 것이다. '안 되는 것'에 초점을 맞춘 대답은 상사가 원하는 대답이 아니다. 직장상사의 목적은 주어진 일을 시간 안에 해내는 것에 있다. "이건 못해요"라는 말을 듣자고 앉아있는 것이 아니라는 말이다.

자신이 할 수 있는 일에 초점을 맞춘 대답에는 책임감, 신뢰감, 유능함이 모두 포함되어 있다. 자신이 그 일을 책임지고 한다면, 언제까지 해결할 수 있다는 뉘앙스에서 신뢰감이 생긴다. 그리고 무슨 일이든 결국에는 해낼 수 있다는 가능성까지 열어두기 때문에 유능함이 느껴지는 것이다.

기분좋게 거절하는 기술

우리는 간단한 문장만 바꿔도 부정적인 의미를 기분 좋게 표현할 수 있다. 수많은 표현방법이 있는데, 그중에서도 가장 대표적인 말투 두 가지를 소개하려고 한다.

먼저 소개할 첫 번째 말투는 '어쩔 수 없다'를 'ㅇㅇ하길 바란다'로 바꿔 말하는 것이다. 한 가지 예를 들어보겠다. 매일 늦게 퇴근하는 아빠에게 불만인 아들이 있다. 아들이 아빠한테 이번 주말에는 놀아달라고 조른다.

“아빠! 이번 주말에는 꼭 놀아줘.”

“아빠가 주말에도 일이 있어서 놀아줄 수가 없어.”

이렇게 말하면 아들은 아빠가 일을 더 중요하게 여긴다고 생각하고 섭섭함을 느끼게 된다. “아빠는 나랑 놀기 싫은 거지!” 하며 서러운 눈물을 보일 수도 있다. 이때, 아빠가 “아빠도 우리 아들이랑 함께 시간을 보냈으면 좋겠어”라는 말만 언급해줘도 아들은 아빠가 자신을 사랑하고, 함께하고 싶은 마음이 있다는 것을 확인할 수 있다. “ㅇㅇ했으면 좋겠다”라고 말하는 것은 어쩔 수 없는 상황이라고 말하는 것보다 훨씬 솔직한 감정을 말하는 것이다. 상황이 자신의 의도와 다르지만, 언제나 마음은 그렇지 않다고 말해주고 싶을 때, 이런 말투를 사용하면 된다.

두 번째로 소개할 말투는 ‘ㅇㅇ때문에’를 ‘ㅇㅇ만 되면’으로 바꾸는 것이다. 한 호텔에서 컴퓨터 오류가 생겼다고 가정해보자. 예약하기를 원하는 손님들은 클레임을 걸고 있는 상황이다.

“예약하려면 언제까지 기다려야 하나요?”

“지금 인터넷에 문제가 생겨서 예약을 진행해드릴 수가 없습니다. 죄송합니다.”

이렇게 말하면 손님들은 직원이 문제 상황을 ‘인터넷’으로 책임을 돌려 말한다고 느낀다. 실제로도 인터넷상의 문제가 맞지만, 사람들은 ‘감정’에 예민하기 때문에 말의 뉘앙스에 주의해야 한다. 이때, 직원이 "인터넷 문제만 해결되면 바로 예약을 도와드리겠습니다. 조금만 양해 부탁드리겠습니다"라고 말하면 손님들은 '예약'이라는 자신들의 목적을 이룰 수 있다는 가능성을 가지고 기다리게 된다.

결국 타인의 감정을 결정짓는 모든 것은 말투의 차이다. 거절당한다는 기분이 들지 않으면서도 충분히 거절을 할 수 있는 방법은 자신의 말투에 있다. 구체적으로 제시해준 두 가지 말투도 결국은 '할 수 있는 것'을 찾는다는 전제가 붙는다. 따라서 가능성을 열어두는 말투를 사용하면 된다. 가능성을 열어두는 말투는 생활 속에서 찾아보면 제시한 것보다 훨씬 많다.

가능성을 여는 말투를 스스로 구사하려는 노력을 꾸준히 해보자. 그러면 능숙하게 거절하는 방법에 대해 내가 제시한 것보다 더 많은 말투를 찾아낼 수 있다. 그 말투들을 체화시키면 당신은 직장에서 뿐만 아니라 모든 생활면에서 엄청난 발전을 이룰 것이다.

화를 부르는 말투

"항상 그런 식이야."

"한 번도 제대로 한 적이 없어."

"난 이거 아니면 안 돼."

이런 말을 들으면 자신도 모르게 짜증이 밀려온다. '항상', '단 한 번도', '맨날' 등과 같이 극단적인 표현을 자주 사용하는 사람은 상대의 감정을 동요시킨다. 그러다 보니 말싸움이 잦을 수밖에 없다.

사람은 말 한 마디로 상대에게 폭력을 가할 수 있다. 우리는 대게 폭력이라고 하면 때리고, 해코지하는 행위만 떠오른다. 그러나 정신적으로 피해를 주는 것 또한 엄연한 폭력이다. 상대에게 정신적인 폭력을 가하면 피해자들은 내면에서 분노를 일으킨다. 따라서 우리 모두 폭력적인 언행을 한다는 사실을 인정하고, 이를 고치려는 노력이 필요하다.

극단적인 표현

부모와 자녀 사이는 하루도 조용할 날이 없다. 자녀가 사춘기 시기를 겪게 되면 더욱 말싸움이 거세지고, 급기야 몸싸움까지 벌어진다. 부모가 자녀에게 몇 번이고 문지방을 밟고 다니지 말라고 주의를 주었다고 하자. 그런데도 자녀의 행동이 잘 고쳐지지 않으면 부모는 "엄마가 문지방 밟고 다니지 말라고 백만 번은 말한 거 같은데, 왜 안 고치니?" 하고 말한다. 또는 햄스터를 기르고 있는 자녀에게 엄마가 "햄스터한테 밥은 언제 줄 거니? 아주 굶겨 죽일 생각이구나"라고 말한다.

이렇게 극단적인 표현은 상대의 반발심을 불러일으킨다. 자녀는 "엄마가 언제 백만 번 말했어?"라며 토를 달거나 "내가 햄스터한테 밥을 먹이든 말든 무슨 상관이야!?" 하며 전투태세로 바뀌게 된다.

부모와 자녀와의 모든 갈등은 말에서부터 시작된다. 한두 번의 실수를 가지고 '맨날', '늘', '항상'과 같은 표현을 사용하여 매번 그렇다고 말하면 상대방은 억울할 수밖에 없다. 자신을 매일같이 실수하는 사람으로 치부해버린다면 기분 좋을 사람이 어디 있겠는가. 이들은 상대의 논리가 불공평하다고 여겨 즉시 예외적인 부분을 찾아 반박할 게 뻔하다. 그러므로 우리는 극단적인 표현에서 벗어나 진실된 부분만을 지적해주어야 한다.

"엄마가 문을 지나다닐 때는 어떻게 하라고 그랬지?"

"이번 주에는 네 번이나 햄스터 밥을 주지 않은 거 같은데, 햄스터가 배고프겠다."

이렇게 질문을 통해 스스로 인지할 수 있도록 돕거나 정확한 횟수를 언급하며 상황을 해결하는 방향에 초점을 맞추는 것이 좋다. 행동을 직접 지시하기보다 질문을 하거나 상황에 대한 언급만 해주어도 아이는 스스로 잘못된 것을 깨닫게 된다.

부부간의 대화에서도 마찬가지다. 가족끼리 재미있게 놀다가도 문제가 하나 생기면 "다시는 놀러오나 봐라"며 즐거웠던 여행의 감정 전체를 엉망으로 만들어버린다. 이 말을 들은 상대방도 마음이 상하여 "누구는 자기랑 다니는 거 좋은 줄 아니? 이럴 줄 알았으면 친구들이랑 오는 건데!"라고 말하며 서로의 마음에 상처를 준다.

누군가를 쉽게 분노하는 말은 매우 조심스럽게 사용해야 한다. 말에는 전달되는 에너지가 있어 자신의 분노를 담은 말을 하면 상대도 역시 그와 유사한 표현을 사용한다. 서로를 부정하면서 극단적인 표현을 사용하면 결국 감정싸움으로 치닫게 된다.

그러므로 우리가 일상생활에서 무심코 사용하는 언행들은 몇 번이고 마음속에서 곱씹은 뒤에야 내뱉어야 한다. 극단적인 표현에서 벗어나는 방법은 간단하다. 구체적인 횟수를 제시하면 된다. "그 사람은 거의 맨날 오더라." 하는 표현을 하기보다는 "그 사람은 일주일에 두 번 이상은 오더라." 하는 말로 바꾸어주면 된다. 또 다른 예시로 "당신은 한 번도 집안일을 도와주지 않아요"라고 말하기 보다는 "당신이 일주일에 두 번 정도만 도와줘도 수월할 것 같아요"라고 긍정적인 에너지를 내뿜어보자. 이렇게 당신은 상황에 대한 자신의 평가로 상대를 판단하는 시각을 줄여야 한다. 그리고 최대한 객관적인 시각으로 바라보려는 관찰력 또한 필요하다.

복잡한 건 단순하게

우리가 간절히 기다렸던 택배가 도착했다고 해보자. 포장을 뜯으려고 보니 테이프가 칭칭 감아져 있어서 뜯기가 힘든 상황이다. 아무리 테이프를 뜯고 뜯어도 끝이 보이질 않는다. 빨리 박스 안에 있는 물건을 보고 싶은데, 이렇게 포장이 빨리 뜯어지지 않으면 슬 짜증이 밀려온다.

말도 마찬가지다. 전문용어를 많이 사용하고, 말을 일부러 복잡하게 하는 사람은 왠지 모르게 호감이 가지 않는다. 이런 사람들의 특징은 자신의 지식을 자랑하고자 하는 의도가 있다. 굳이 쓰지 않아도 될 전문용어를 사용하여 사람들이 이해하기 어렵게 만든다. 자신의 말을 사람들이 이해하지 못하면 답답해하고, 이러한 심리에서 우월감을 느끼게 된다. 듣는 사람에게 '나는 당신보다 한 차원 높은 인간이다'라는 심리를 심어주려는 경향도 있다. 본인은 사람들이 모두 자신을 우월하게 생각할 것이라고 여기겠지만, 사실 사람들은 당신의 본심을 모두 알아차리고 있다.

사람들의 직장생활을 돕는 컨설턴트 회사 브리지bridge를 설립한 제리코너Jerry Connor와 리 시어즈Lee Sears는 《회사형 인간》이라는 책을 출간했다. 이 책에 따르면 자신의 발목을 잡고, 조직과 인간관계의 성공을 막는 전문용어를 피해야 한다고 강조한다. 이어서 전문용어를 피해야 하는 이유 4가지를 제시했다.

❶ 문제의 핵심 범위를 벗어나지 않기 위해

❷ 한 사람이라도 더 이해할 수 있는 말을 하기 위해

❸ 더 쉽고 간단하게 말하기 위해

❹ 유식한 척하는 것처럼 보이지 않기 위해

사람들은 듣는 즉시 이해가 되는 말들을 좋아한다. 말이 귀를 스치는 순간, 곧바로 그 말의 의미가 무엇인지 알아듣고자 한다. 또한 즉시 그 내용을 공유하고 서로 공감하길 원한다. 요즘 사람들은 애매한 단어의 뉘앙스를 분석하며 들을 마음의 여유조차 없기 때문에 단순한 표현, 이해하기 쉬운 말을 쓰는 사람에게 끌리는 것은 너무나도 당연한 일이다.

대화는 상대와 교감하기 위한 것이다. 소통이 중단되는 순간 대화는 빛을 잃게 된다. 사람들은 알기 쉽게 말하는 사람에게 친근감을 느끼고, 다가가고 싶은 마음이 생긴다. 따라서 당신이 사람들에게 편하게 대화하는 사람으로 기억되고 싶다면, 전문용어 사용을 피해야 한다. 해당 분야를 설명할 때에는 전문용어를 꼭 필요하게 언급할 때에만 최소한으로 사용하도록 하자. 그렇지 않다면 전문용어를 풀어서 쉽게 말하면 상대가 더 잘 이해할 수 있게 된다.

전문용어뿐만 아니라 쉽게 표현할 수 있는 말투 중 하나는 긴 문장을 몇 문장으로 끊어서 말하는 것이다. 예를 들어 “내가 길을 가다가 누구를 좀 만났는데, 처음에 그 사람이 나한테 아는 척을 하길래 누군지 잘 몰라서 어리둥절하고 있었는데, 그 사람이 나를 ‘선생님’이라고 부르길래 전에 가르치던 학교 학생인가하고 생각했는데, 알고 봤더니 내 바로 뒤에 있던 사람한테 그러는 거더라. 내가 얼마나 창피하던지" 라고 말하고 싶다고 해보자. 이 문장 속에는 몇 가지의 내용이 들어있지만, 틈을 주지 않고 한 문장으로 말해 버렸다. 예시 문에서 보이는 긴 문장을 끊어서 말하면 결과는 이러하다.

"내가 길을 가다가 누구를 좀 만났어. 처음에 그 사람이 나한테 아는 척을 하더라. 누군지 잘 몰라서 어리둥절하고 있었는데, 그 사람이 나를 보고 '선생님'이라고 부르는 거야. 전에 가르쳤던 학교 학생인가 하고 생각했지. 근데 알고 봤더니 내 바로 뒤에 있던 사람인거야. 내가 얼마나 창피하던지."

당신이 느끼기에도 말이 한결 편안해졌는가. 이렇듯 긴 내용을 말할 때, 몇 개의 문장으로 끊어서 말했더니 대화가 편안하고, 무엇보다 내용을 이해하기가 쉽다. 그러므로 복잡한 말로 사람들을 혼란스럽게 하기보다는 복잡한 것도 단순하게 말하는 연습을 통해 사람들과 진정한 소통을 이어갈 수 있도록 하자. 결국 좋은 표현들은 단순한 말에서 온다.

나와 다른 의견을 갖고 있는 사람과 거리 좁히는 말

누군가와 대화를 하다 보면 의도치 않게 의견충돌이 일어날 때가 있다. 이럴 때 사람들은 제각각 반응을 보인다. 가장 흔히 보이는 반응은 화를 내는 것이다. 때로는 변명을 하거나 무시하거나 똑같이 되갚아주기도 한다.

그렇다면 인간관계에서 갈등이 쉽게 풀리지 않는 이유는 무엇일까? 그 이유는 세 가지로 들 수 있다. 현재 팟캐스트와 유튜브 〈LBC 화술강좌〉를 통해 사람들에게 말하기 이론과 인간 심리를 다스리는 방법을 강의하고 있는 임철웅 작가는 《마음을 훔치는 대화법》이라는 책을 출간했다. 그는 이 책에서 사람들 사이에서 갈등이 쉽게 해결되지 않는 이유를 세 가지 들었다.

첫 번째는 서로 적이라서 갈등 상황이 발생했다고 규정하는 이유에서다. 많은 사람들은 싸움이라고 하면 다른 목표를 가진 사람들이 하는 것이라고 생각한다는 것이다. 두 번째 이유는 상호 신뢰를 쌓지 않고 감정적으로 대응하기 때문이다. 감정적인 대응은 상대를 적대적으로 대응하도록 만들고, 목소리가 얼마나 큰지 또는 얼마나 화가 났는지 정도는 알 수 있겠지만 갈등 해결에 꼭 필요한 상대의 목표나 필요를 확인하기는 어렵다는 것이다. 세 번째 이유는 서로가 원하는 것을 필요한 것이라고 착각하고, 정말로 필요한 것은 드러내지 않기 때문이다. 예를 들어 장난감을 사달라고 조르는 아이는 그 장난감이 필요하다고 생각한다. 그러나 실제로 그 아이에게 필요한 것은 광고에서 보았던 것을 갖는 성취감이나 친구들과의 유대감, 혹은 부러움을 이겨내고 얻을 자존감 등이라는 사실이다.

이렇듯 갈등 상황에 빠지면, 논리적 사고가 어렵고, 감정적 대응이 상황을 더 악화시킨다. 감정이 개입되기 시작하면 문제해결이나 해소를 위해서가 아니라 단지 이기기 위한 대화로 이어진다. 결국 이긴다고 해도 잃는 것이 많다. 따라서 우리는 감정적으로 대응하지 않고 갈등을 해소하는 방법을 익혀야 한다.

의견 존중

"그건 네가 잘 몰라서 하는 소리야."

"경험이 부족해서 그런가 본데…."

"그게 아니라"

"그러는 너는 잘났냐?"

이런 말은 누가 들어도 기분이 나빠진다. 듣는 사람의 입장에서는 의견의 반대가 아닌 '나'에 대한 무시로 들린다. 본인은 말버릇처럼 별 의미 없이 한 말일지 몰라도 상대는 '너는 틀렸고 나는 맞다'라는 의미로 받아들여진다. 이런 상황이 반복된다면 관계에서 가장 중요한 신뢰가 깨지고, 긍정적인 마음이 배타적으로 바뀐다.

타인의 의견을 무시하는 말투는 상대의 비판을 무력화시키고, 말문을 막는 데에는 효과가 있을지 모르겠지만, 결국은 내 편을 적으로 만드는 말이다. 심지어 감정조절을 못하고 화를 낸다면, 상대는 '더 이상 논리적인 대화가 힘들겠다'고 여기고, 그런 사람과의 관계를 끊어버리게 된다.

화를 낸다는 것은 상대방과 대화할 마음이 없다는 의미다. 분노는 더 이상 논리적인 판단과 자제력의 능력을 잃게 만들어 대화의 단절을 가져온다. 이는 아무것도 모르는 아기가 울음으로 승리를 쟁취하려는 것과 다를 바가 없다.

그렇다면 자신의 반대 의견을 말하기 위해서는 어떤 말을 하는 것이 좋을까? 바로 상대의 입장을 받아들인 후, 자신의 의견을 말하면 된다. 상대의 말을 받아주는 행위는 '당신의 말이 틀렸다는 말이 아니라 내가 당신과는 다른 의견을 가지고 있다'는 뉘앙스를 풍긴다. 뿐만 아니라 상대는 자신을 부정한 것이 아니라는 안도감을 주어 분위기를 부드럽게 만든다.

"그 말에도 일리가 있네요."

"그렇게 생각할 수도 있겠네요."

"당신의 말에 어느 정도는 동의합니다."

자신의 반대 의견을 말하기 전에 먼저 이런 말들을 꺼낸다면, 상대를 긍정적인 상태로 유도할 수 있다. 이는 비꼬는 인상을 주지도 않고, '당신의 말은 틀렸어'라는 뉘앙스도 풍기지 않는다. 상대의 입장을 이해해주고, 인정하는 말로 상대를 먼저 추켜세운 후에 자신의 말을 해도 늦지 않다.

소통의 기본은 상대의 입장을 우선 받아들인 후 자신의 생각을 전달하는 것이다. 상대의 감정을 자극하지 않고, 서로 존중하는 분위기에서 갈등의 원인을 찾는 것이야말로 가장 이상적으로 갈등을 해결할 수 있는 방법이다.

너와 나의 목적지는 같다

밤늦게 다니는 연인에게 잔소리를 하다가 말다툼으로 벌어진 경험이 있는가? 자녀의 미래를 위해 진로방향을 정하는 과정에서 큰 다툼을 한 적이 있는가? 그러나 이러한 다툼에는 한 가지 공통점이 있다. 서로의 의견은 다른데, 사실은 같은 목적을 가지고 있다는 것이다.

연인이 서로 다투는 이유는 '사랑하는 사람이 잘되기를 바라는 마음'이라는 공통된 목적을 가지고 있다. 그리고 부모와 자녀가 다투는 이유는 '가족이 잘되길 바라는 마음'이라는 공통된 목표가 있다. 이처럼 의견이 다르다고 해서 모두가 서로 다른 목적이 있는 것은 아니다.

이 점을 확인하고 나면 서로에게 느꼈던 적대적인 감정이 조금 누그러질 것이다. 개인의 문제가 아니라 공동의 문제였다는 것을 알게 되면 감정적 싸움은 전혀 도움이 되지 않는다는 사실을 깨닫게 될 것이다.

자녀의 학교 선생님에게서 "당신의 자녀가 아이들과 잘 어울리지 못하고, 혼자서만 놀려고 하네요. 아무래도 사회성이 좀 떨어지는 것 같습니다."라는 말을 들었다고 해보자. 부모는 자녀가 잘되길 바라는 마음으로 어떻게 하면 좋을지에 대해 상의하기로 했다.

"여보, 우리 애 이대로 둬도 괜찮을까?"

"에이, 괜찮아. 혼자 좀 논다고 사회성이 떨어지는 건 아니야."

"그래도 선생님께서 그렇게 말할 정도면 심한 정도 아니야?"

"우리 애 성격이 원래 그런데 뭐, 당신이 너무 예민하네."

"이게 예민한 거야? 당신은 가만 보면 남 일처럼 이야기하는 것 같아!"

"아, 됐어. 또 싸우기 싫으니까 그만하자."

대화를 시작하기 전까지는 '함께 자녀가 잘될 수 있는 방법을 생각해보자'는 공통된 목적을 가지고 있었다. 그러나 나중에는 서로 누가 더 잘못하고 있는지에 대한 비난과 방어로 대화가 끝났다. 결국 아무런 해결방안도 찾지 못하고, 서로 상처만 주었다. 감정적으로 밀싸움하는 것은 건설적인 가치가 없다. 서로의 감정에 휘말려 헐뜯게 되는 상황이 발생하면 말을 멈추고 "우리끼리 싸우지 말자. 결국 우리 애가 잘되길 바라는 마음에서 대화를 시작한 거잖아." 하고 말하자.

갈등 관계를 겪게 된 상황에서 상대방과 자신의 공통된 목표가 무엇이었는지 상기시켜주면 다시 협업하고 싶은 마음이 되살아난다. 공통목표가 없다고 느껴져도 큰 카테고리 내에서 함께 이루고자 하는 교집합이 분명 하나쯤은 있기 마련이다.

비즈니스 상황에서도 마찬가지다. 회의하는 과정에서 서로 의견충돌이 발생하면 "우리는 서로 다른 입장이네요. 하지만 우리 부서가 모두 바라고 있는 것은 실적을 올리는 일입니다. 우리 모두는 결국 더 나은 실적을 내기 위한 공통된 목표를 향해 달려가고 있는 것입니다"라고 말해 뜨겁게 달궈진 분위기를 한결 부드럽게 만들 수 있다.

서로의 의견이 다르다고 해서 서로를 비난하거나 책망하는 것은 아무런 도움이 되지 않는다. 오히려 시간만 낭비할 뿐이다. 그러므로 우리는 해결책에 초점을 맞추도록 해야 한다. 대화의 수준을 좀 더 높은 차원으로 끌어올리기 위해서는 공통된 목표를 언급함으로써 상대와의 쓸데없는 갈등을 해소할 수 있도록 하자.

진정한 용서를 구하는 말투

사람은 누구나 잘못을 저지른다. 언제든 실수할 수 있는 것은 당연한 일이지만, 잘못을 저질러 놓고 자신의 잘못에 대해 사과를 하지 않는 것은 잘못된 행동이다. 사과를 할 때에는 용기가 필요하다. 때로는 굴욕적인 기분이 들기도 해서 변명하는 말을 덧붙여 사과를 제대로 하지 않으려는 경향도 있다. 그러나 변명은 자신을 지키기 위한 말이다. 책임을 전가하거나 이런저런 구실을 덧붙여 '어쩔 수 없었다'는 말로 자신을 지키려 하다 보니 변명할 때는 '하지만'이라는 말이 붙거나 '그랬다면'이라는 조건이 붙는다.

잘못된 사과

'하지만'이 들어간 문장은 앞의 내용을 들을 필요가 없다. '하지만'의 다음에 오는 말이 진정 하고자 하는 말이다. 따라서 "미안해. (하지만) 요새 내가 정신이 없어서…." 라거나 "미안해요. (하지만) 오는 길에 차가 막혀서…."라는 표현에서 중요한 핵심은 결국 '하지만'의 뒤에 오는 변명이 된다.

변명에는 '온전히 내 책임만은 아니야'라는 의미가 내포되어 있다. 그런 사과는 상대가 느끼기에 책임을 회피하기 위한 변명으로 밖에 들리지 않는다. 또 진정성까지 의심받게 된다. 상대는 '네가 화를 내서 일단 사과는 하지만, 난 잘못했다고 생각하진 않아'라는 뜻으로 받아들일 수밖에 없다. 따라서 '하지만', '그런데'처럼 역접 접속어를 붙이는 것은 상대의 의견에 반대하는 것밖에 되지 않고, 결국 상대는 진정한 사과라고 받아들이지 않는다.

"내 말에 기분 상했다면 미안해."

"제 말이 오해를 일으켰다면 사과드리겠습니다."

사실 이러한 표현도 잘못된 사과방식이다. "그랬다면 미안하다."는 말은 '사과는 하고 싶지 않지만, 의도치 않게 당신의 기분을 상하게 했으니 어쩔 수 없이 사과한다'는 뉘앙스를 풍긴다. 뿐만 아니라 '내 말을 오해한 당신에게도 잘못이 있다'는 의미로 들릴 수 있다. 따라서 이 말투 또한 변명의 성격을 띄는 사과라고 볼 수 있다.

그 말을 한 사람은 잘못의 정도를 최대한 줄이고 싶어서 변명을 한다고 하지만, 듣는 사람의 입장에서는 그렇게 받아들이지 않는다. 그런 말로 자신의 잘못을 인정하지 못하고, 어떻게든 책임을 회피하려는 사람이라고 여긴다. 상대가 변명을 하면서 자신을 '그런 일로 기분 나빠하는 속 좁은 사람'이라고 말하는 것 같아 화가 풀리기는커녕 더 분노하게 만드는 상황으로 이어질 수도 있다.

제대로 된 사과는 이런저런 조건을 붙이지 말고, 깔끔하게 해야 한다. 그렇지 않으면 사과의 본질이 변질될 수 있다. 자신의 잘못을 감추고 싶다고 해서, 또는 자신의 체면을 지키기 위해 사과의 뜻을 애매하게 전달하면 잘못을 뉘우친다는 진심이 사라지고, 진심이 없다면 이는 사과가 아니라 변명에 불과하다.

미안, 미안, 미안

'영혼리스'라는 말을 들어본 적 있는가. 이는 '영혼'과 '덜 하다', '없다'라는 의미를 지닌 단어 'less'의 합성어로 '영혼이 없다' 즉, 진심이 담겨 있지 않을 때 쓰는 말이다. 사과를 할 때에도 영혼 없이 "미안, 미안, 미안"처럼 무성의하게 대답하는 사람이 있다. 상대의 말이 듣기 싫으니 빨리 끝내달라는 뜻이다.

"청소하라고 한지가 언젠데, 아직도 안 했어?"

"아, 미안, 미안, 미안. 나중에 할게."

이렇게 무성의한 사과는 '사과할 마음은 별로 없지만, 당신이 사과받기를 원하니 사과해드리겠습니다. 그러니 빨리 화 푸세요'라는 뻔

뻔한 심리가 들어 있다. 상대의 말에 귀담아 듣지 않을 뿐더러 더 이상 듣고 싶지 않다는 의미이다.

'미안'을 여러 번 반복한다고 해서 진심이 담기는 것은 아니다. 기계적으로 반복하고, 지금 이 상황을 회피하기 위한 회피성 사과는 역접 접속어나 조건을 붙이는 사과보다 더 분노를 느낀다. 상대가 자신의 잘못을 인정하지 않고, 심지어 자신을 무시하고 있기 때문이다. 이렇게 짧은 말 한 마디에서도 그 사람의 진심을 알 수 있으니 사과의 말을 할 때에는 더욱 신중한 마음으로 해야 한다는 것을 잊지 않아야 한다.

진정한 사과

그렇다면 진정한 사과는 어떻게 하는 것일까? '사과'를 뜻하는 단어 'apology'는 그리스어 'apologia'에서 유래했다. 여기에는 '잘못을 저지른 사람이 죄로부터 벗어나기 위해 하는 말'이라는 뜻이 담겨 있다.

자신의 죄에서 벗어나기 위해서는 본인의 잘못을 가장 먼저 인정해야 한다. 잘못을 저질렀을 때, 지체하지 않고, 자신을 잘못을 가능한 한 빨리 인정하는 편이 좋다. 곧바로 사과하지 않으면 사과할 타이밍을 잡기가 어려워진다. 사과의 효력도 약해진다.

사과를 할 때에는 자신의 잘못을 명확히 이해했고, 인정한다는 뜻으로 솔직하게 "죄송해요"라고 용서를 구해야 한다. 자신이 상대에게 상처를 줬고, 화나게 한 것은 사실이기 때문에 이에 대한 용서를 구하는 것이다. 어떠한 변명도 하지 말고, 단순하고 짧게 하는 것이 가장 좋다. 체계적인 변명보다 단순한 사과가 잘 먹히는 법이다.

그런데 여기서 중요한 것은 상대가 화를 내기도 전에 사과해서는 안 된다. 상대가 당신에게 충분히 분노를 표현한 뒤, 사과를 받고자 하는 시점에 용서를 구해야 한다.

2005년에 심리학자인 신시아 프란츠Cynthia McPherson Frantz와 커트니 베니그손Court-ney Bennigson은 〈사과 타이밍이 사과의 효율성에 미치는 영향〉에 대한 실험논문을 발표했다. 이들은 대학생 82명을 대상으로 사과의 타이밍에 대한 실험을 했다. 실험 참여자들에게 동일한 시나리오를 주고 피해자의 입장에서 설문에 답하도록 했다. 시나리오의 내용은 이러하다.

"당신이 애인과 저녁 7시에 영화를 보기로 약속했다. 그런데 마침 친구들이 저녁에 파티를 가자고 제안한다. 파티에 가고는 싶었지만, 애인과의 약속을 지키기 위해 그 제안을 거절했다. 그리고 저녁 7시에 영화관 앞에서 애인을 기다리는데, 8시 반이 넘도록 오지 않았다. 다음 날 당신은 다른 친구에게 애인이 자신의 친구들과 파티를 즐겼다는 이야기를 듣게 된다. 당신은 화가 나서 애인에게 전화를 걸었다."

이 시점에서 실험을 진행한다. 당신의 애인은 사과를 한다. 사과 내용은 모두 동일하지만, 사과의 시점을 다르게 했다. 첫 번째는 통화를 하자마자 애인이 먼저 사과를 하는 경우이고, 두 번째는 당신이 마구

화를 낸 뒤 사과하는 경우였다. 그러고 나서 언제 자신의 화가 더 잘 풀어졌는지에 대한 답변을 하는 것이다. 그 결과, 사과를 늦게 받는 두 번째 방법에서 감정상태가 가장 큰 폭으로 좋아졌다. 이처럼 잘못을 했을 경우, 상대가 자신의 분노를 충분히 표현하도록 한 뒤 사과를 하는 편이 낫다는 메시지를 전한다.

프란츠와 베니그손은 실험결과에 대해 "피해자가 상대방을 용서하기 위해서는 분노감정을 식힐 시간, 즉 '분노 숙성 단계'가 필요하다"고 말한다. 화를 내는 사람은 그 분노가 바로 사라지지 않는다. 그래서 계속해서 분노를 토로한다. 그러나 듣는 입장에서는 이미 충분히 사과했다고 생각하는데, 상대가 계속 비난과 추궁을 하다 보니 지칠 수밖에 없다. '더 이상 뭘 어떻게 하라는 거야?'라는 마음이 들며 당혹스러움을 금치 못하지만 상대는 자신이 화난 이유를 충분히 드러내고, 얼마나 화가 나 있는지를 알리고 싶어 한다. 자신의 이러한 마음이 충분히 받아들여졌다고 생각이 들 때, 비로소 용서를 할 마음이 생긴다.

"훌륭한 사과는 세 부분으로 이루어진다. '미안해.' '내 잘못이야.' '바로 잡으려면 어떻게 해야 할까.' 대부분의 사람은 세 번째를 잊는다"라는 명언이 있다. 사람들은 용서만 구할 줄 알지 자신이 잘못을 저지른 것에 대해 심리적 보상을 해줄 생각까지는 미처 하지 못한다. '이미 저질러진 거 어쩔 거야'라며 상대가 용서만 해주면 없었던 것처럼 넘기려 한다. 어쩌면 당신은 '사과하고, 용서를 받았으면 된 거 아니야'라고 생각할지도 모른다.

그러나 법에 따르면 합의하는 조건으로 상대에게 합의금을 주어야 하듯이 상대에게 잘못을 했으면 정신적인 보상을 주어야 한다. '어떻게 하면 당신의 화가 풀릴까요?'라거나 '용서받으려면 어떻게 해야 하나요?'라는 말은 자신의 잘못에 온전히 책임을 지겠다는 표현이다. 최대한 상대의 입장을 배려하는 것이다. 이것은 단순히 '사과해줄 테니 화 풀어'라는 식이 아니다. 상대에게 다시는 이런 일이 생기지 않도록 자신의 노력과 의지를 보이는 자세이다.

사람들은 사과하는 행위가 자신의 약점을 드러내는 것이라고 생각한다. 그러나 용서를 구하는 행위는 자신의 자존심을 굽히고, 나약함을 드러내는 것이 아니다. 배고파서 밥을 먹고, 감기에 걸려 약을 먹는 것처럼 잘못을 해서 사과를 하는 것이다. 어쩌면 당연한 일이고, 자연스러운 현상이다.

그러므로 잘못을 하나라도 더 숨기기에 급급하지 말고, 자신이 느끼는 미안한 감정을 온전히 표현해보자. 자신의 잘못을 쿨하게 인정하고, 최선을 다해 용서를 구하자. 그럼 상대의 분노도 그리 오래가진 않을 것이다.

무례한 사람에게 단호하게 대처하는 말투

유명한 프랑스 소설가 생텍쥐페리Saint Exupery가 쓴《어린왕자》를 읽어보았는가? 이 책에서는 서로 친해지기 위해 마음을 여는 과정에 대해 이야기하고 있다.

어린왕자가 물었다.

"너를 길들이려면 어떻게 해야 하니?"

여우가 대답했다.

"참을성이 아주 많아야 돼. 우선 넌 나와 좀 떨어져서 그렇게 풀밭에 앉아 있는 거야. 난 곁눈질로 널 지켜볼 거야. 넌 어떤 말도 하지 마. 말은 오해의 씨앗이거든. 그러면서 날마다 너는 조금씩 가까이 앉으면 돼."

다음 날 어린왕자가 다시 여우를 찾아왔다. 여우는 이렇게 말했다.

“같은 시간에 오는 게 더 좋을 거야. 만약 네가 오후 네 시에 온다면 나는 세 시부터 행복해지기 시작할 거야. 네 시가 되면 나는 이미 불안해지고 안절부절못하게 될 테야. 난 행복의 대가가 무엇인지 알게 되는 거지. 하지만 아무 때나 온다면, 난 몇 시에 마음의 준비를 해야 할지 알 수 없을 거야.”

타인의 사생활

누군가와 친해지기 위해서는 어느 정도 여유를 가지고, 서로 마음을 알아가는 과정이 필요하다. 처음에는 가볍게 대화를 나누며, 서로의 공감대를 알아간다. 점차 신뢰도 생기고, 개인적인 이야기를 나누다 보면 어느 순간 그 사람과 친해져 있다. 그러나 만난 지 얼마 되지 않은 사람이 뜬금없이 당신에게 반말을 하거나 친한 친구처럼 허물없이 대하는 듯하는 사람들이 있다. 그런 사람들은 친근하게 다가가려다 보니 불쑥 이런 말들을 꺼내는데, 듣는 입장에서는 당혹스럽고 지나치다는 느낌이 든다.

뿐만 아니라 상대방의 일에 쓸데없이 간섭하며 돕겠다는 사람들도 꽤나 있다. 도와주려는 마음은 감사하지만, 이는 오히려 부담스럽게 느껴진다. “그 사람이랑 빨리 헤어져. 내가 보니까 인성도 별로고, 태도도 불량해. 너는 왜 하필 그런 사람이랑 사귄 거야?”라거나 “엄마가 되면 직장을 포기하는 건 당연한 거야. 그렇게 안 하면 애만 불쌍해져”라는 말을 하며 필요 이상으로 참견을 한다. 길을 가다가 이런 참견을 들으면 상대와 마주하기가 불편해지고 마음이 불쾌해진다. 이러한 간섭이 도가 지나치면 결국 화를 부른다.

우리가 타인의 사생활에 대해 물어볼 수 있는 범위는 그 사람과의 친밀도에 달려 있다. 심리적 거리가 얼마나 가까운지에 따라 함께 나눌 수 있는 정보의 폭도 커진다. 그러나 생판 처음 본 사람이 불쑥 자신의 사생활에 대해 아무렇지 않게 물어보는 것은 굉장히 무례한 일이다. 타인의 사생활은 말 그대로 사적인 생활이다. 잘 알지도 못하는 사람이 자신의 사적인 영역에 관해 떠들어댄다면 기분 좋을 사람이 누가 있겠는가.

이럴 때는 단호하게 대처할 필요가 있다. “제 문제는 제가 알아서 할게요.” 하고 일침을 놓는 것이다. 이는 싸우자고 하는 말이 아니다. 참견을 하는 사람에게 자신의 정확한 의견을 전달하는 것이 포인트다. “조언은 고맙지만, 이건 내 문제니까 내가 알아서 할게.” 하고 딱 한 마디면 된다. 당신의 호칭을 낮춰 부르는 사람이 있다면 “그렇게 부르는건 좀 그렇네요. ‘ㅇㅇ씨’라고 불러주세요.” 하고 호칭을 명확히 알려주자. 이렇게 자신의 속내를 드러내면 그들은 정해준 거리를 유지하거나 알아서 멀리 달아난다. 단호한 말 한 마디로 무례한 사람을 걸러내니 자신의 인간관계도 평온을 되찾는다.

무례한 사람

타인을 앞에 두고 버젓이 무시하는 말투를 사용하는 사람이 꽤 많다. 상대에 대한 기본적인 배려가 없는 사람들이다. 아니, 배려가 없다기보다 상대를 우습게 여긴다고 볼 수 있다. 이런 사람들은 자신보다 우월하거나 권력이 있어 보이는 자들에게는 가식과 아부로 선량한 척하고, 자신보다 약하다고 여겨지는 사람들에게는 자신의 못난 인격을 그대로 표출해낸다. 인간관계를 풀어내는 지극히 현실적인 솔루션을 다룬 책《관계대화》에서는 타인에게 함부로 대하는 경우를 보통 두 가지로 나눈다.

❶ '이 사람은 별 가치가 없어 보이니까 막 대해도 될 거야'라고 생각하는 경우

❷ '이 사람에게 어떻게 대하든 내가 피해볼 일은 없을 거야'라고 생각하는 경우

이렇게 무례한 사람들과 대적하기 위해서는 그들이 하는 말에 휘말려서는 안 된다. "그게 어떻게 제 탓입니까?"라거나 "왜 저한테만 그러세요!"처럼 반사적으로 나오는 표현은 그들의 말에 제대로 반격할 수가 없다. 이런 쪽으로 꾀가 많은 사람들은 이때를 기다렸다가 당장 물어버릴 것이다.

그렇다면 뻔뻔하고 무례한 사람에게 제대로 반격하는 방법은 무엇일까? 바로 상대의 약점을 언급하는 것이다. 무례한 사람들에게도 약점이 있다. 누구나 자신의 평판이 깎기는 말을 듣고 싶지 않다. 그래서 사람들은 자신의 인격을 의심받는 것에 대해 예민하다. 어떤 갈등의

잘못을 따지기보다 더 강력한 말은 상대의 인격을 부정적인 이미지로 몰아가는 것이다. 그 사람을 야비한 사람으로 만들어 나가는 것이다.

"원래 그렇게 무례하신가요?"

"상대에 대한 예의가 없으시군요."

"평소에도 그렇게 함부로 말하시나봐요."

"그렇게 무례한 행동은 안 하셨으면 좋겠는데요."

이렇게 상대의 행동이 무례하다는 사실을 지적하면 상대방에게서 선제권을 빼앗아 올 수 있다. 여기서 중요한 것은 상대와 똑같이 흥분하지 않고, 누구나 인정할 만한 도덕적인 근거를 대는 것이다. "제가 아랫사람이라 해서 함부로 말하시는 건 예의가 아닙니다"와 같이 누구나 인정할 수 있는 도덕적 정의에 의해 상대의 인격을 거론해야 한다.

예의라고는 하나도 없는 사람의 말을 들으면 자신도 모르게 내면에서 분노가 끓어오른다. 그러나 상대의 말에 분노하면 자신도 무례한 사람과 똑같은 사람이 될 뿐이다. 이런 분노를 잘 다스리는 자만이 무례한 사람에게 올바르게 대처할 수 있다.

미국의 심리학자 너새니얼 브랜든Nathaniel Branden은 사람들에게 '자존감'을 최초로 알린 사람이다. 그는 저서 《자존감의 여섯 기둥》을 통해 자존감과 의사소통, 그리고 감정의 상관 관계에 대해 언급했다. 자존감이 높은 사람일수록 자기 의견의 가치를 높이 평가하여 어디서든 자신의 뜻을 잘 펼친다. 그래서 갈등상황에서도 침착하게 대처할 수 있다.

반면 자존감이 낮은 사람은 대화를 할 때, 자신의 견해에 자신감이 없어 쉽게 불안을 느낀다고 한다. 특히 부정적인 감정에 부딪혔을 때, 자신의 불안감을 쉽게 드러낸다. "날 뭘로 보고!"라거나 "어디서 감히!"라는 식으로 분노를 드러내는 사람은 겉으로는 공격적으로 보이나 사실은 자신의 나약함을 감추고 싶어 두려움에 떨고 있는 상태인 것이다.

그러므로 무례한 사람을 대할 때는 '저렇게 예의가 없고, 한없이 나약한 사람에게 지적을 당하고, 무시를 당하는 것은 오히려 기쁜 일이다. 저 사람은 나를 자신과 다른 사람이라고 생각해서 저평가하는 것이니까 나는 예의 바르고, 속이 단단한 사람인 것이다'라고 속으로 생각하면 된다. 훌륭한 사람에게 지적을 받았더라면 아주 기분이 나빴겠지만, 저런 사람에게 지적을 받았으니 이는 아주 기뻐할 일이다. 만약 무례한 사람이 당신을 칭찬하고, 잘했다고 말해준다면 오히려 더 좋지 않은 의미를 지닌다. 그러니 예의가 없고, 무례한 사람이 당신을 저평가 해준 것에 대해 감사함을 느끼면 된다.

올바른 지적은 모두의 발전을 돕는 수단이다

사람이라면 누구나 실수를 하고, 실패를 경험한다. 그러나 자신의 잘못을 깨닫고, 같은 잘못을 반복하지 않기 위해서는 실패했던 경험을 잘 활용할 줄 알아야 한다.

컴퓨터의 하드웨어와 소프트웨어를 판매하는 미국 회사 IBM의 창업자 토마스 왓슨Thomas Watson은 "실패를 성공의 적으로 여기는 것은 흔히 목격하게 되는 실수이다. 실패는 뼈아프지만 가장 훌륭한 교사이다. 실패가 당신을 위해 일하도록 만들어라"고 말했다. 실패의 경험으로 자신을 발전시키는 데에는 본인의 의지와 노력도 있지만, 상대의 올바른 지적을 통해 결정되기도 한다. 말로 사람의 사기를 돋우는 사람이 있는가 하면 아까운 인재를 잃게 만드는 경우도 있다.

격려 한 마디

직장이나 학교 또는 인간관계에서 실수를 하면 상대가 어떤 말을 해주냐에 따라 자신을 자책하기도 하고, 실수를 딛고 성장해 나가기도 한다. 그렇다면 상대가 실패를 통해 성장해 나갈 수 있도록 도우려면 어떤 말투를 써야 할까? 미국의 언론인이자 칼럼리스트인 윌리엄 아서William Arthur는 이런 말을 남겼다.

"나에게 아첨하면 나는 그대를 믿지 않을지도 모른다. 나를 비평하면 나는 그대를 좋아하지 않을지도 모른다. 나를 무시하면 나는 그대를 용서하지 않을지도 모른다. 나를 격려하면 나는 그대를 잊지 않을지도 모른다. 따뜻한 격려 한 마디로 우리는 용기를 얻고 중요한 일을 결단하며 그로 말미암아 위대한 성취를 이룰 수 있다. 역사는 누군가의 격려로 위대한 일을 성취한 사람들의 이야기로 가득 차 있다."

아랫사람의 잘못을 질책하기보다는 격려하며 너그럽게 감싸줌으로써 일급직원으로 변화시킨 일화가 있다. '백화점 왕'이라 불리는 미국 워너메이커 백화점 설립자 존 워너메이커John Wanamaker는 늘 '친절'과 '성실'을 강조하였고, 이 두 가지가 성공을 이끌어주었다. 어느 날, 백화점으로 고객의 항의가 담긴 투서가 전달되었다. 고객이 백화점 직원 중 한 명에게 폭언을 들었다는 내용이 담겨져 있었다. 존 워너메이커는 그 직원을 자신의 방으로 불렀다.

"어서 오시게. 거기 좀 앉겠나?"

직원은 사장에게 질책을 당할 각오로 왔는데, 그가 상냥한 모습을 보이니 조금 당혹스러워 했다. 이어 워너메이커는 말했다.

"어떤 고객이 자네에게 욕설을 들었다는 투서가 왔던데, 그게 사실인가?"

"네…. 그분이 말도 안 되는 요구를 하면서 제게 먼저 욕을 하셔서 저도 모르게 그만…."

직원의 솔직한 말에 워너메이커는 빙그레 웃으며 물었다.

"그랬군. 그렇게 하고 나니 자네의 기분은 어떻던가. 통쾌하던가?"

"아닙니다. 저 역시 기분이 좋지 않았습니다. 제가 자제했어야 했는데…. 죄송합니다."

직원은 이렇게 말하며 용서를 구했다. 그때 워너메이커가 뜻밖의 질문을 했다.

"자네 어머니의 병환은 좀 나아졌는가?"

직원은 워너메이커의 질문에 깜짝 놀랐다.

"사장님께서 그걸 어떻게 아셨어요?"

"자네처럼 모범적인 직원이 왜 그런 실수를 했는지 미리 알아보았네. 일하랴, 병 간호하랴 자네가 쉴 틈이 없었겠군. 내가 자네를 위해 휴가를 주겠네. 쉬면서 어머니를 잘 보살펴드리게. 그리고 이건 얼마 되지 않지만, 받아 두게."

워너메이커는 직원에게 휴가뿐만 아니라 보너스까지 챙겨주었다.

"사장님…. 감사합니다. 그리고 다시는 이런 클레임이 들어오지 않도록 주의하겠습니다. 정말 감사합니다."

워너메이커는 직원의 등을 두드려주면서 몇 마디의 격려를 더 해주었다.

이후, 그는 승진의 승진을 거듭했고, 동료뿐만 아니라 고객들까지도 그를 칭찬하게 되었다. 사람들은 실수를 하면 대부분 움츠려들게 되고 자신을 능력 없는 사람, 쓸모없는 사람으로 치부해버린다. 그러나 이때, 누군가가 '경험했다고 생각해'라며 다시 일어설 수 있도록 격려한다면 실수를 딛고 더 넓은 세계로 도약할 힘을 얻게 된다.

'How' 질문법

"왜 지각했어?"

"왜 그런 실수를 한 거지?"

"왜 주어진 일을 다 못했지?"

'왜'로 묻는 질문은 질책하는 것 밖에는 아무런 의미가 없다. 또 상대가 'Why'로 물어봤기 때문에 대답은 'Because'가 나올 수밖에 없다. 그러나 질문을 '왜'로 해놓고선 이유를 설명하려고 하면 "지금 변명하는 거니?"라는 모순된 태도를 보인다.

이렇게 단점을 지적하는 질문은 아무런 발전이 없다. '왜'라는 말로 상대를 추궁하기보다는 '어떻게 하면'이라는 말투를 사용하여 미래를 묻는 질문을 하는 것이 좋다. "왜 지각했어?"라고 묻기보다는 "오늘 지각해서 못한 업무를 어떻게 하면 보충할 수 있을까?"라고 물어보자. "왜 그런 실수를 한 거지?"라고 묻기보다는 "어떻게 하면 그런 실수를 줄일 수 있을까?"라고 물어보자.

'how'라고 묻는 질문은 건설적인 방식으로써 답변하는 사람의 생각을 성장하는 방향으로 전환시켜준다. 이 질문을 받은 상대방은 자신의 성장을 돕는 사람이라 여겨 고마운 마음을 느낌과 동시에 존경심마저 들 것이다. 이미 일어난 일에 대해 추궁해봐야 무슨 소용이 있겠는가. 실수를 반성하고, 그것을 통해 성장으로 이끌어줄 수 있는 사람이야말로 훌륭한 사람이라고 할 수 있다.

윈-윈 하는 지적 테크닉

타인에게 적절한 충고는 상대를 발전하게 만든다. 그러나 이러한 충고가 과하면 거의 저주에 가깝다. "그렇게 살면 결국 네 인생은 끝이야.", "넌 그래서 안 되는 거야." 하는 말을 들은 상대는 마음이 상하고, 분노만 생길 뿐 충고가 받아들여지지 않는다.

사람은 감정에 따라 마음을 열거나 닫는다. 자신의 마음에 상처를 주는 사람이 아무리 좋은 조언과 충고를 해준다 할지라도 마음이 열리지 않으면 아무런 소용이 없다. '그래서 안 된다'라는 말은 구체적인 해결책을 전혀 제시해줄 수 없다. '안 된다', '못 한다'라는 부정적인 말보다는 '이렇게 하면 좀 더 멋있다'라고 말하는 것이 좋다. '안 된다'라는 말을 들으면 사람들은 '나는 안 되는 가보다'라고만 생각하는 데에서 그친다. 그러나 '더 멋있다'고 하면 쉽게 납득이 되고, 구체적인 행동으로 실천한다.

다 같이 쓰는 사무실에서 한 사람이 흡연을 한 뒤, 냄새를 풍기면서 들어왔다고 해보자. 비흡연자들은 담배냄새에 때문에 업무에 집중할 수가 없고, 이유 없이 피해를 보게 된다. 그러나 그 사람에게 "담배 좀 피지 마세요." 하거나 "당신의 담배냄새 때문에 제가 피해를 봐요." 하고 말하면 상대도 기분이 나쁘고, 무엇보다 잠깐은 지켜지는 듯하지만 오래 가지는 못할 것이다. 이런 상황일 때에는 "흡연 후에 탈취제를 뿌리고 오시면 사람들이 더 좋아할 것 같아요"라거나 "흡연 후에 냄새를 빼고 들어오시면 모두가 상쾌한 환경에서 일할 수 있으니 더 좋을 것 같아요"라고 말해보자.

자신의 여자 친구가 짧은 치마를 입지 않았으면 좋겠다는 마음에 "그 치마 좀 입지 마." 하거나 "너 노출증 있니?" 하며 비꼬는 사람이 있다. 이러한 상황에서도 이와 같은 말투를 사용해보자. "나는 청바지 입은 여자가 차분해 보이고 좋더라. 내가 사랑하는 사람이 청바지를 입고 오면 세상에서 제일 이뻐 보일 거야." 하거나 "너는 긴 드레스를 입은 모습처럼 우아한 분위기가 더 잘 어울려." 하는 말로 상대를 기분 좋게 설득하는 것이다. 이렇게 말투 하나만 바꿔도 사람의 마음을 움직이는 것은 의외로 쉽다.

당신이 사람들에게 존경을 받고 싶다면 충고를 해야 할 때도 추궁한다는 느낌이 들지 않도록 상대를 배려해서 조언을 하는 것이 현명한 방법이다. '지적인 사람은 지적을 하지 않는다'는 표현이 있다. 지적도 지적처럼 느껴지지 않고, 그 의미를 전달할 수 있는 표현들이 참 많다. 상대를 진심으로 발전시키고 싶다면 쓴소리 대신에 따뜻한 마음으로 격려하거나 건설적인 질문을 통해 이끌어나가야 한다.

상대의 쓸데없는 말을 끊는 말투

우리 삶에서 가장 소중한 것이 무엇이라고 생각하는가. 절대 되돌릴 수도 없고, 돈으로도 살 수 없는 것, 바로 '시간'이다.

하루에 우리에게 주어진 시간은 24시간이다. 하지만 우리의 기본적인 욕구를 충족시키기 위해 잠을 자고, 밥을 먹고, 씻는 시간을 빼면 8시간 정도는 그냥 흘러간다. 유한한 하루 속에서 우리는 자신의 발전을 위해 끊임없이 노력한다. 직장이나 학교를 다니고, 이것도 모자라 학원까지 다닌다. 책을 읽고, 운동을 하고 친목을 다지다 보면 시간은 어느새 훌쩍 가버린다. 이렇게 짧기만 한 하루는 자신이 원하는 일을 하면서 시간을 보내기에도 부족하다. 그래서 자신이 원치 않은 대화를 통해 시간을 낭비한다면 그 대화는 우리 삶에 불필요한 스팸문자와 같다.

사람들은 자신에게 주어진 시간이 무한할 것이라는 착각에 빠져 시간의 소중함을 잊어버린다. 그러나 시간은 한 번 지나가면 다시는 되돌릴 수 없는 존재이다. 또 하루에 정확하게 86,400초 밖에 주어지지 않기 때문에 1초, 2초가 지나가면서 시간은 계속 흐르고 있다. 우리가 유한한 시간을 알차고, 의미 있게 보내기 위해서는 상대가 쓸데없는 말을 할 때 끊을 줄 알아야 한다.

수다와 대화의 차이

수다를 떨다 보면 이런 이야기, 저런 이야기들이 오가며 다양한 주제를 다룬다. 그러나 대화에서는 필요 이상으로 말이 길어지면 상대는 시간낭비라고 생각한다. 수다와 대화는 약간의 차이가 있다. 수다는 사전적 의미로 쓸데없이 말수가 많음을 뜻한다.

쓸데없는 말을 한다고 해서 수다가 나쁜 것은 아니다. 인간은 서로 간의 소통 속에서 행복감을 찾기 때문에 경험이나 생각들을 누군가와 나누며 스트레스를 풀고, 기분전환도 한다. 마음이 맞는 사람들끼리 모여 수다를 떨거나 한 번씩 모임을 가지는 것 또한 자신의 기분전환을 위해 가지는 자리다.

그러나 대화는 서로 마주하여 이야기를 주고받는 의미기 있다. 서로 이야기를 주고받는 이유는 특정한 목적이 있기 때문이다. 대화의 목적에서 벗어난 주제를 꺼내면 상대는 이를 쓸데없는 말이라고 여긴다. 따라서 이런 상황에서는 관련된 화제로 전환하는 말을 하거나 대화를 끝내는 것이 현명한 방법이다.

서로의 기분전환을 목적으로 하는 수다는 이런저런 이야기를 통해 다양한 주제를 다루면 좋다. 하지만 친목도모나 수다의 목적으로 대화를 나누고 있지 않은 사람에게는 쓸데없는 말을 최대한 줄이는 것이 좋다. 또한 이러한 대화에서 상대방의 쓸데없는 말로 자신의 소중한 시간을 낭비하는 것만큼이나 어리석은 사람도 없다. 그러므로 사람들과 소통을 할 때는 불필요한 말들은 줄이고, 꼭 필요한 말과 정보들이 오갈 수 있도록 절제하는 노력이 필요하다.

아쉬울 때 떠나라

말은 많이 하고 있지만, 대화의 줄거리가 없이 말하는 사람이 있다. 그러나 별 의미도 없는 상대방의 말을 계속 듣고 있는 것은 고역이다. 이럴 때는 차라리 상대와의 대화를 마무리 짓는 편이 낫다.

말은 항상 적당할 때에 끝내는 것이 좋다. 아무리 친한 사람과 즐거운 대화를 나누고 있어도 사람의 심리는 시간과 함께 변화되기 때문에 몇 시간이나 똑같은 마음일 수는 없다. 또한 상대의 말을 건성으로 듣다 보면 상대는 이를 알아차릴 수밖에 없다. 이때는 상대의 말을 듣는 척하는 것보다 다음을 기약하며 대화를 마무리하는 것이 현명한 방법이다. “시간이 벌써 이렇게 되었네. 오늘 너무 즐거웠어. 다음에 또 재미있는 이야기 많이 해줘.” 하고 정중하게 말하는 것이다. 또는 “내가 곧 ㅇㅇ할 시간이라 가봐야겠어. 너무 아쉽다. 다음에 또 만나면 이야기해줘!” 하고 말하면 된다.

말 많은 상대와 비즈니스를 하고 있는 상황이라면 "이제 일어나야 될 것 같습니다"라거나 "이제 대화를 마무리 하는 것이 좋겠습니다"라고 말하여 대화를 끝내고자 하는 의지를 보여라. 상대가 도저히 당신에게 말할 틈을 주지 않는다면 "말씀을 끊어서 죄송하지만 제가 선약이 있어서요"라거나 "말씀 중에 죄송한데 사실 제가 지금 가야할 때가 있어서요"라고 말하면 된다.

말을 끝내기에 가장 좋은 시점은 약간 아쉬울 때이다. 맛있는 음식을 배터질 때까지 욕심내서 먹는다면 맛이 있었다기보다 오히려 더 고통스럽게 느껴진다. 그러나 아쉬울 정도만 먹으면 나중에 또 생각나고, 다시 먹을 의향이 생긴다. 이처럼 대화도 마찬가지다. 서로가 '조금 더 이야기를 나누고 싶다'는 생각이 들 때가 대화를 끝내기에 가장 깔끔하고 좋은 타이밍이다.

상대의 기분을 상하지 않게 거절한다

누군가에게 전에 들었던 이야기를 또 듣게 된다면 처음 듣는 척해야 할지 아니면 전에 들었던 이야기라고 말해야 될지 갈등이 생긴다. 이런 상황에서는 어떻게 해야 할까? 상대방이 당시에 간단하게 끝냈던 이야기라면 듣고 있어도 잠깐이니 기다려줄 수 있다. 하지만 오랫동안 길게 했던 이야기로 기억된다면 이같이 말하면 된다. "그 이야기는 전에 말씀해주셔서 잘 기억하고 있어요." 이렇게 전에 말했다는 사실을 알려주면 상대는 조금 머쓱하겠지만, 당신이 잘 기억해주고 있다는 말을 듣고, 당신에 대한 신뢰를 느낀다. 마음속으로 '내 말을 다 기억하고 있네.' 하는 생각이 들 것이다. 당신을 세심하고, 배려가 있으며 경청을 잘하는 사람이라고 여기고, 더 많은 이야기를 전해주고 싶어 할 것이다.

친한 친구나 직장동료 사이에서도 마찬가지다. "전에 그 이야기 해줬어. 너무 재미있어서 다 기억나!"라고 웃으며 말하거나 "어? 그거 전에 들은 이야기야. 네가 이야기를 너무 잘해서 인상 깊었거든." 하고 칭찬을 통해 상대가 민망해 할 수도 있는 상황을 풀어주는 것이다. 경청을 잘한다는 인식이 생겨 자신의 가치를 높이는 데에도 효과가 좋다. 이러한 말투는 상대의 기분을 해치지 않으면서도 자신의 이미지를 긍정적으로 바꾸는 일석이조의 역할을 한다.

왠지 모르게 호감이 생기는 동류의식의 말투

당신이 이성이든 동성이든 간에 상관없이 그 사람에게 호감을 가지게 되면 어떤 감정이 드는가? 자신의 모든 것을 주어도 아깝지 않고, 도와주고 싶을 뿐만 아니라 잘못을 저질러도 따뜻하게 포용하고 싶어진다.

미국 애리조나주립 대학교 심리마케팅학과 교수 로버트 치알디니Robert Cialdini는 설득, 협력, 협상 분야의 세계적인 전문가로 인정받는 인물이다. 그의 말에 따르면 상대를 설득하기 위한 법칙은 총 6가지가 있다고 한다. 그 중 하나인 '호감의 법칙'은 호감을 가지고 있는 사람의 메시지에 더 설득력이 느껴진다는 것이다. 호감은 자신과 적대 관계에 있는 사람을 친구로 만들기도 한다.

미국의 정치가 벤저민 프랭클린Benjamin Franklin은 "적이 당신을 한

번 돕게 되면, 더욱 당신을 돕고 싶어 한다"라는 말을 남기며 자신의 일화를 들려주었다. 당시 그는 펜실베니아 주의원이었을 때의 일이다. 자신을 적으로 생각하는 한 국회의원이 있었다. 프랭클린은 정적 국회의원과의 관계를 개선하고 싶어 한 가지 대책을 세웠다. 마침 정적 국회의원은 희귀한 책을 가지고 있다고 알려져 있었다. 프랭클린은 그에게 곧장 찾아가 그 책을 빌려달라는 뜻을 전했다. 아무런 대답이 없을 줄 알았던 그 국회의원은 프랭클린의 부탁에 관심을 보이며 이렇게 말했다.

"이 책이 다른 곳에서는 쉽게 구할 수 없긴 하죠. 원하신다면 빌려드리지요."

이후, 그들의 관계는 완전히 바뀌었다. 어느 날, 국회의사당에서 둘이 마주쳤다. 그 국회의원은 프랭클린에게 먼저 다가가 인사를 했고, 여러 모임에 초청도 했으며 사람들에게 프랭클린을 '좋은 사람'이라고 소개해주기도 했다. 이처럼 자신을 적대시 여기는 사람도 호감을 가지는 순간, 관계가 바로 개선된다. 상대의 마음을 여는 열쇠는 동류의식이다. 프랭클린이 국회의원에게 희귀한 책을 빌리는 것 또한 동류의식을 자극한 것이다.

동류의식이란 자신이 어떤 사람이나 계층과 같은 무리라고 생각하는 의식, 즉 '우리는 같은 생각을 한다'고 느끼게 하는 것을 말한다. 국회의원과 프랭클린 모두 그 책은 희귀하고, 누구나 보고 싶은 책이라고 여긴다. 프랭클린은 '나 또한 당신과 같은 생각을 하는 부분이 있다'는 그 마음을 전했고, 정적 국회의원은 그의 사소한 부탁에서 동류의식을 느끼게 된 것이다. 인간은 동류의식을 느낄 때 상대와 보다 가깝다고 느낀다. 그렇다면 상대가 자신에게 동류의식을 느끼게 하려면 어떻게 해야 할까?

공통점을 찾다

미국의 심리학자 무자퍼 셰리프Muzafer Sherif는 공동목표가 생기면 이질적인 사람도 서로 갈등을 조절한다는 '무인도의 법칙'을 증명하기 위해 재미있는 실험을 했다.

셰리프는 어느 한 캠프를 꾸려 참가자들을 두 집단으로 나누고, 각 집단에게 이름을 지어주었다. 두 집단이 끊임없이 경쟁하도록 상황을 만들고, 경쟁에서 승리한 집단에게는 보상을 주었다. 두 집단은 갈수록 경쟁이 더 심해졌다. 그런데 어느 날, 인근으로 음식을 사러 간 트럭이 구덩이에 빠지고 말았다. 이때 두 집단은 망설임도 없이 서로 협력하여 트럭을 끌어내었다. 이들은 마치 무인도에 표류한 사람들이 '생존'을 목표로 협조하듯이 서로를 도왔다. 이처럼 서로 공통된 목표를 가지고 있으면 적대관계인 상대와의 협력을 이끌어낼 수 있다.

자신과 비슷하다는 것을 알게 되면 친근감과 동류의식을 느껴 경계심을 푼다. 처음 본 사람이나 친하지 않은 사람과 거리감을 좁히고 싶다면 서로의 공통점을 최대한 빨리 발견하는 것이 좋다. 공통점을 찾게 되면 공감대가 형성되면서 대화에 탄력을 받고, 급속도로 활기를 띄기 때문이다. 공통점을 빠르게 찾는 방법은 상대의 말에 집중해보면 알 수 있다. 상대가 주로 하는 대화주제가 무엇인지, 어떤 관심사가 있는지를 파악하면 된다. 상대가 제시한 다양한 주제들 중에서 당신도 관심이 있는 주제에 대해 질문을 하면 된다.

예를 들어 뷰티에 관심이 많은 사람에게는 그 사람의 스타일과 관련된 공통점을 끌어내보자. 또 상대가 오늘 새로운 귀걸이를 착용했다면 이렇게 말해보자. "그 귀걸이 너무 예쁘네요. 저도 그런 스타일의 귀걸이를 좋아해요. 저는 그날 착용한 귀걸이에 따라 풍기는 분위기가 달라지던데, 그렇게 생각하지 않아요?"

이렇게 첫 마디로 공감대를 끌어낸 다음, 이어 어떤 스타일의 귀걸이를 가장 좋아하는지, 어디서 구매하는지에 대해 서로 공통된 관심사로 동류의식을 느끼게 하는 것이다. 누구나 서로 공통점이 있다. 그 점을 찾아서 다가간다면 적이 될 뻔한 사람도 자신의 편으로 끌어올 수가 있다.

함께하다

사람들은 무언가를 함께하면 공통된 경험이 생기고, 서로가 같은 공간에서 겪었던 경험들을 이야기하면서 대화가 더 흥미진진해진다. 인간은 누군가와 무언가를 함께할 때 즐거움을 느끼는 본능이 있다. 여자들은 "우리 같이 화장실 가자"라고 말하거나 "같이 쇼핑하자"라며 함께하기를 바란다. 또한 남자들은 "같이 매점 가자", "나가서 같이 담배 한 대 피우죠"라고 말하는 것도 누군가와 함께하고 싶은 본능에 의해서다. 물론 듣는 사람도 특별히 할 것이 없는데도 같이 따라나서고 싶어 한다.

우리나라 옛말에 '친구 따라 강남 간다'는 말이 괜히 있는 게 아니다. 호감 가는 사람과 함께 경험하며 마음의 다리를 놓고 싶어 하는 말이다. '함께하자'는 말은 누군가와 같은 경험을 하면서 소통할 기회를 만드는 표현이면서 앞으로 그 사람과 함께 할 순간들을 기대하는 말이기도 하다. 그러니 누군가에게 무언가를 부탁할 때에는 '함께'라는 말을 사용해보자.

만약 당신이 주관하는 소공동체에 총무가 필요한 상황이라면 당신은 누군가에게 총무가 되어달라고 부탁할 것이다. 이때, 상대에게 "우리 공동체에 총무가 필요한데, 맡아줄 수 있어요?"라고 말하면 상대는 부담감을 느끼고 우선적으로 거부감을 느낀다. 그러나 "우리 소공동체를 이끌어주실 총무를 찾고 있습니다. 저랑 같이 이끌어 보실래요?" 하고 물어보면 한결 편안한 느낌을 받는다. 혼자 책임을 져야 한다는 부담감도 적고, 누군가가 함께 한다고 하니 일단 안심이 된다. 이처럼 '함께'라는 말은 상대로부터 동질감을 자극시키고, 동류의식을 느끼게 한다. 상대가 당신의 부탁에 "그래, 한번 해보자"라며 동의할 확률 또한 높아진다.

어떻게 해야 할까요?

오랜만에 만난 친구들과 맛있는 점심식사를 하기 위해 유명한 음식점에 예약을 해두었다. 그러나 당일 날, 음식점에 가보니 내 이름이 예약자 명단에 없었다. 심지어 대기자 줄도 꽤나 길어 당장 앉을 수 있는 자리조차 없었다. 난감해 하는 나를 보고 한 친구가 "분명 예약을 했다는데, 그쪽이 잘못한 거 아니에요?"라고 직원에게 추궁하니 직원도 억울한 마음에 "제가 예약을 받은 게 아닌데요." 하며 반박했다. 몇 번의 실랑이가 오갔다. 나는 더 이상 놔두다가는 무슨 큰일이 일어날 것 같아서 그 상황을 진정시켰다. 그러고 나서 직원에게 웃는 얼굴로 말했다.

"저희는 예약이 된 줄 알고 왔어요. 저희가 오랜만에 만나서 짧게나마 좋은 시간을 보내고 싶은데, 어떻게 방법이 없을까요?"

"잠시만 기다려주세요."

직원은 이렇게 말하고는 매니저에게 가서 말을 전하는 듯했다. 얼마 후 직원이 돌아와서 말했다.

"저희 음식점에 전화주신 내역을 보여주시면 바로 식사 가능한 자리를 준비해드리겠습니다."

누구나 상황이 예상과 달리 부정적으로 흘러가면 당황스럽고 화가 날 것이다. 그러면 상대에게 잘못의 책임을 떠넘기거나 자신의 분노를 짜증으로 표출하려 한다. 그러나 서로 비난하고 책망하는 태도는 아무런 도움이 되지 않는다. 잘잘못을 분명히 하려는 말투보다는 '어떻게 해야 할까요?'라고 물어보는 것이 좋다. 듣는 사람은 상대의 처지를 알게 되었고, 상대방이 해결책을 달라고 부탁하니 그 처지를 돕고 싶은 심리가 생긴다. 그래서 결국 '상대방이 책임져야 할 문제'에서 '자신이 해결책을 제시해야 할 문제'로 받아들이게 되고, 자신이 도울 수 있는 선에서 최선을 다해 도움을 줄 것이다.

당신이 당황스러운 상황에 처했다면 그 일과 관련된 사람에게 “제가 지금 이러한 상황인데, 어떻게 안 될까요?” 또는 “제 상황이 안 좋아서 그런데, 어떻게 방법이 없을까요?”라는 말을 해보자. 누구든 당신을 도우려 할 것이다.

따뜻한 말 한 마디가 관계를 지속시켜준다

명절이나 식구들이 모이는 장소에 가면 가족들로부터 '장가는 언제 갈래?', '성적이 그게 뭐니?', '그러니까 네가 이 모양이지!', '아휴, 속 터져!' 등 온갖 모진 말을 듣는다. 그들은 마지막에 "가족이니까 이런 말을 하는 거야. 남이면 네가 잘되든 말든 신경이나 쓰겠냐?"라며 본인들의 참견을 합리화시킨다.

우리는 자신과 가까운 사람을 좋아하면서도 함부로 대하는 경향이 있다. 물론 잘됐으면 하는 바람에서 하나라도 더 가르쳐주고 싶은 마음이라는 것을 잘 안다. 그러나 우리가 가장 편안해야 될 사람들에게 이런 말을 듣게 된다면 자신의 속마음을 털어놓을 사람이 과연 있을까? 사람들은 가깝다는 이유로 뭐든 이해하고, 받아들이리라 여긴다. 상대방은 이렇게 모질게 말해도 자신의 본심을 이해하고 받아들일 것이라고 믿고 있다.

그러나 친한 사이일수록 그만큼 의존하고, 자신의 삶의 일부로 들어와 있기 때문에 더 큰 상처를 받는다. "그러니까 네가 애인이 없는 거야"라는 말로 친구의 자존심을 건드리고, "당신과 결혼한 내가 잘못이지!"라며 관계 전체를 부정하는 말로 사랑하는 사람의 마음에 대못을 박는다.

부모와 자녀 사이에서도 마찬가지다. 부모는 자녀에게 "너 땜에 못 살겠다.", "똑바로 못해?", "넌 할 줄 아는 게 도대체 뭐니?"라고 말하고, 자녀는 부모에게 "엄마 때문에 인생 망했어!", "됐어! 엄마가 제일 싫어!", "아빠가 나한테 해준 게 뭐가 있는데!"라는 말로 서로에게 지울 수 없는 상처를 남긴다. 더구나 사랑하는 사람의 입에서 나오는 험한 말은 더 치명적으로 다가온다.

부부의 입장

남자가 여자에게 프로포즈를 할 때, "평생 행복하게 해줄게", "늘 한결같이 사랑해줄게"라는 말로 여자의 마음을 흔들어 놓았을 것이다. 하지만 시간이 지나면 관계에 익숙해진다. 그 사람이 곁에 있다는 소중함을 잊어버리고, 관계에 소홀해지는 경우가 많다. 결혼하기 전에는 조금이라도 다치면 "내가 당장 달려갈게!"라거나 "많이 아파? 내가 약 사다줄게. 네가 아프면 나도 아파"라는 말로 감동을 주었을 것이다. 그러나 결혼을 하고나면 남편은 이렇게 말한다. "또 아파? 병원 가봐.",

"엄살 좀 그만 피워. 다쳤으면 얼마나 다쳤다고." 하며 시큰둥한 반응을 보인다. 남편이 말 그대로 '남의 편'인 셈이다.

아내가 남편에게 바라는 것은 마음을 알아달라는 것이다. 아무런 해결책을 내주지 않아도 되니까 그냥 "많이 아프겠다." 이 말 한 마디면 된다. 자신을 위해 "많이 아파? 같이 병원 가게 얼른 옷 입어!"라고 말해준다면 아내는 더할 나위 없이 행복할 것이다. 아내는 남편이 여전히 자신을 사랑하는지, 아껴주고 있는지 확인하고 싶어 한다. 자신이 남편을 사랑하는 만큼 남편도 자신을 사랑해주길 바라는 마음에서다.

남편의 입장에서도 마찬가지다. 하루 종일 밖에서 일하고 집에 돌아와 이제 겨우 쉬고 있는데, 아내가 와서 하는 말이 "아이가 아빠보고 싶어서 기다렸는데, 놀아주지는 않고! 애 아빠 맞아?" 하고 잔소리를 하면 남편은 오히려 반발심이 든다. 남편도 아이와의 시간을 보내고 싶다. 그러나 내일 또 시작될 하루를 생각하면 휴식이 너무 고프기 때문에 당장 휴식을 취하는 것에 급급할 수밖에 없다.

뿐만 아니라 남자는 사회적으로 인정받길 원한다. 자신이 속한 직장이나 조직에서 인정받거나 사회적으로 높은 평가를 받기 위해 엄청난 에너지를 쏟아 붓는다. 밖에서 치열한 경쟁을 하고 왔으면 집에서는 누군가가 따뜻하게 맞이해주길 바라는데, 아내가 잔소리만 해대면 굉장한 스트레스를 받을 수밖에 없다. 이때, 현명한 여자라면 "오늘도 밖에서 고생 많았어. 당신 덕분에 우리가 편하게 지내고 있어. 고마워." 하며 능력을 인정해주거나 "힘들지, 푹 쉬어." 하고 짧게 말을 끝내고 쉴 수 있도록 도와줄 것이다.

성 필립보 생태마을 관장인 황창연 신부는 사람의 얼굴에 대해 이렇게 정의했다. "얼굴이란 얼이 들어왔다 나갔다 하는 굴이다. 결국 얼이 행복한 사람은 얼굴에 그 기쁨이 드러나게 마련이다." 그가 쓴 책 《왜 우리는 통하지 않을까》에서는 아내의 얼굴을 표현한 말이 있다.

"남편의 폭력, 폭언 속에 사는 아내들은 아무리 이목구비가 뚜렷해도 아름답지 않다. 그녀의 얼굴에 슬픔과 분노가 가득하기 때문이다. 그런가 하면 표정에 평온함이 가득하고 눈빛이 안정된 여성의 남편을 만나 보면 그녀가 왜 예쁘고 편안해 보이는지 금방 알 수 있다. 남편이 아내를 대하는 모습에는 정성이 담겨 있고 소중한 도자기를 다루듯 어루만지고 보살핀다."

밥도 사랑한다고 하면 향긋한 누룩이 되고, 짜증난다고 말하면 썩은 냄새가 진동을 하는데, 만물의 영장인 사람이야 오죽하겠는가. 황창연 신부는 사랑한다는 말을 하는 집에서는 향기가 나고, 구박하는 말을 하는 집에서는 썩은 냄새가 날 수밖에 없다고 한다. 많은 가정이 이혼을 하고, 총체적 위기를 겪고 있는 이유도 결국 서로를 배려하지 않는 말투 때문이다. 부부는 사실 생판 몰랐던 두 사람이 부부라는 이름 아래에 가족이 되었고, 평생의 동반자가 되어 남은 평생을 서로에게 의지하며 살게 된다.

그러나 매일을 함께 생활하다 보니 사소한 것 하나에도 신경이 쓰이고, 배우자의 행동이 마음에 들지 않는 경우도 많다. 또 지겹도록 싸우면서 미운 감정들이 쌓이다 보니 서로가 곁에 있다는 소중함도 잊게 된다. 하지만 이 사실을 기억해야 한다. 세상에 완벽한 사람이 존재하지 않는 것처럼 완벽하게 마음 잘 맞는 가족도 없다. 부족한 면이 보이는 것은 당연하다. 각자가 살아온 경험이 있고, 모두가 생각하는 방식이 다르기 때문이다. 그러니 서로를 무시하고, 함부로 말하기보다는 늘 서로 사랑하고, 이해해주어야 한다. 매일 살을 비비며 살아가야 될 사람인데, 남보다 못해서야 되겠는가. 잉꼬부부로 유명한 아동 문학가이자 동요 작곡집 〈반달〉을 쓴 윤극영 작곡가는 한 기자에게 질문을 받았다.

"부부간에 가장 좋았던 순간이 언제입니까?"

"부부간에 가장 좋은 순간이 어디 있겠는가. 매 순간 함께 숨 쉬는 공기처럼 사랑하는 거지."

결혼을 하고도 항상 연애하는 기분으로 살고 싶은가. 그렇다면 당신은 매일 배우자에게 "오늘도 여전히 너를 사랑해"라는 말을 전해라. 연인이나 부부 사이에서는 서로 사랑하고 있다는 마음을 주기적으로 전달할 필요가 있다. 매 순간 고백을 통해 첫 연애를 하면서 느꼈던 사랑하는 마음의 초심을 잃지 않도록 하자. 사소한 일도 함께 할 수 있어서 감사하다는 마음을 느끼도록 하자. 우리는 딱 세 가지 말만 기억하면 된다.

"고마워, 미안해, 사랑해!"

남편이 일하고 돌아오면 “무사히 집에 와줘서 고마워, 사랑해!”, “우리를 위해 돈을 벌어다줘서 고마워, 사랑해!”, “애들 본다고 고생했어. 고맙고, 사랑해!”라고 말해보자. 남편은 아내에게 “집을 치워줘서 고마워, 사랑해!”, “일하는 내내 보고 싶었어, 사랑해!”, “맛있는 밥을 차려줘서 고마워, 사랑해!”라고 말하자.

서로가 가치관 차이로 다투게 되더라도 잘잘못을 따지기보다는 먼저 숙이고, 사과하자. ‘부부싸움은 칼로 물 베기’라는 말이 있다. 맨날 싸우면서도 금방 “헤헤”거리며 화해를 한다. 화가 머리끝까지 나서 도저히 못 참을 지경에 이르면 이혼을 하겠다며 수백 번 다짐해도 배우자가 화해의 손길을 내밀면 몇 번 튕기다 이내 마음이 스르르 녹아버리는 경우가 다반사다. 서로 열을 내고 싸워도 결국은 그 순간뿐이다. 그러니 남편이 아내를 더 사랑하는 날에는 남편이 져주고, 아내가 남편을 더 사랑하는 날에는 아내가 져주면 된다.

서로를 사랑하니까 그냥 사과하는 거다. 어차피 싸움은 다람쥐 쳇바퀴 돌 듯 반복되고, 늘 똑같은 문제로 싸울 게 뻔하다. 그건 개개인의 가치관 문제이기 때문에 서로 맞추려면 엄청난 시간이 필요하다. 어쩌면 평생 맞출 수 없는 것일지도 모른다. 자신을 길러준 부모라 해도 자식을 온전히 이해할 수는 없다. 그냥 사랑하니까 인정하고, 존중하는 것이다. 부부가 서로 맞춰간다는 것은 어쩌면 끝이 보이지 않는 전쟁터에서 자신을 하나씩 포기하는 과정이 아닐까 싶다.

그 단어 언급 없이 나의 뜻을 전달하기

중요한 면접이나 시험을 보러갈 때면 사람들은 응원의 메시지를 전한다. 주로 "떨지 말고 잘 하고 와! 파이팅!"이라거나 "너무 부담 갖지 말고 편하게 생각해"라고 말한다.

그러나 과연 그런 말을 들으면 떨리지 않거나 부담감이 사라질까? 우리는 이런 말을 들으면 오히려 더 긴장되고, 부담감을 느낀다. 나를 위해서 응원해주니 고맙다는 생각은 들겠지만, 긴장감이나 부담감 그 자체는 사라지지 않는다. 공부하기를 지독히 싫어하는 자녀에게 "공부 좀 해!", "공부는 언제 할 거야?"라고 말하는 것이 전혀 도움이 되지 않는 것처럼 직접적으로 '무언가를 하지 마라'는 말은 사람의 마음을 움직일 수가 없다.

임팩트 있는 단어를 따라간다

인간의 신체 감각과 뇌에서 상상된 이미지가 연동되어 작용하는 '신경 언어 프로그래밍'인 NLP 이론에 따르면 인간은 이중구조로 이루어져 있는 단어를 받아들일 때, 잠재의식은 둘 중 자신이 느끼기에 더 인상 깊은 어절에 치우친다고 한다. '긴장하지 마'라는 문장을 보면 '긴장'과 '하지 마'라는 구조로 분할되어 있다. 이 두 어절 중 어떤 말에 더 인상이 가는가. 당연히 앞에 있는 어절 '긴장'이다. 그럼 '긴장하지 마'라는 문장에서 핵심 어절은 '긴장'이 된다. 이는 결국 '더 걱정하라'는 의미를 전달하는 것과 같은 맥락이다.

'너무 부담 갖지 마'라는 문장도 마찬가지다. 상대가 편안한 마음을 가지도록 돕기 위해 한 말이지만, 우리의 잠재의식에는 임팩트 있는 어절 하나에만 집중을 하게 된다. 따라서 이는 상대에게 '부담'이라는 단어를 언급하여 없던 부담까지 생기게 만든다. '부담 갖지 말고, 편하게 생각해'라는 말은 특히 더 하지 말아야 한다. '부담 갖지 마'라는 말로 굳이 상대의 부담을 상기시켜놓고서는 '편하게 생각해'라는 말로 명령을 한다.

가뜩이나 위축되어 있는 상태에서 상대방에게 명령을 들으면 자신을 더 자책하게 된다. 이 말은 '지금 너는 편하게 생각할 줄 모른다.' 또는 '지금 네가 편하게 생각하지 못하는 이유는 부담감을 가지고 있기 때문이다'라고 질책하는 의미가 내포되어 있다. 따라서 '부담 갖지 말고, 편하게 생각해'라는 말은 불안한 심리를 자극하고, 한술 더 떠서

죄책감마저 들게 한다.

스스로에게도 마찬가지다. 면접을 볼 때, 자기 순서가 오기 전까지 머릿속에서는 온갖 생각이 든다. 긴장되는 마음을 줄여보고자 하여 속으로 '긴장하지 말자', '스트레스 받지 말자', '떨지 말자'라며 되새긴다. 우리가 더 긴장되고, 떨리는 이유는 스스로가 긴장과 떨림, 스트레스를 계속 소환시키기 때문이다. 최대한 빨리 이 긴장을 가라앉혀야 한다는 강박관념에 사로잡혀 더 긴장하게 된다.

차라리 긴장을 극복하기 위해서는 자신의 심리상태를 빨리 인정해야 한다. '긴장하는 마음은 당연한 거야. 언젠가는 괜찮아지겠지. 면접 보기 전까지 진정되면 좋고, 안 되면 할 수 없지, 뭐'라는 생각을 가지면 긴장을 가라앉혀야 불안한 심리에서 해방된다. '가라앉혀야 돼'라는 마음에서 멀어질 때가 가장 빠르게 긴장을 푸는 방법이다.

따라서 상대방에게 응원하는 말을 할 때는 걱정, 스트레스, 긴장 등 부정적인 말은 아예 빼야 한다. 이 단어를 언급하는 경우는 오히려 상대에게 그 단어를 한 번 더 상기시키고, 각인시키는 셈이다. 그렇다면 어떻게 자신의 메시지를 전달할 수 있을까? 바로 상대가 거부감을 보이는 단어를 언급하지 않으면서 동시에 필요한 메시지를 주입시키는 것이다. 어차피 인간의 뇌는 임팩트 있는 단어 하나만을 기억한다.

면접을 앞두고 있는 친구에게 "긴장하지 마"라는 말 빼고 모든 행동과 대화를 긴장이 풀리도록 하는 것이다. 친구에게 "어깨 좀 풀어줄게"라고 말하면서 어깨를 주물러주면 긴장이 풀린다. 이는 '어깨를'과 '풀다'라는 문장에서 '풀다'라는 말에 더 끌리게 되고, 덩달아 마음까지 풀리는 효과를 볼 수 있다. 또는 "비타민 음료 좀 마셔"라고 말하면 '비타민 음료' + '마셔' 중에서 '비타민'이라는 단어에 더 강한 인상을 느낀다. 비타민이라고 하면 상쾌함, 신선함, 건강함 등이 떠오른다. 그러면 자신의 기분도 함께 상쾌해지면서 긴장이 조금 풀리게 된다. 이러한 방법으로 상대의 잠재의식 속에 거부감을 느끼지 않으면서 원하는 메시지를 주입시킬 수 있다.

관찰적 배움, 모방

"공부 좀 해."

"살 좀 빼."

"일찍 좀 자."

이런 말은 수백 번을 들어도 잘 되지 않는다. 바뀌려는 노력은 일시적일 뿐, 그리 오래가지는 않는다. 그 이유는 무엇일까?

스탠포드 대학의 심리학 교수 알버트 반두라Albert Bandura는 "우리는 상황 속에서 보고, 듣고, 배운 것을 모방함으로써 행동을 실행한다"라고 말했다. 그는 유치원생 대상으로 '보보인형'을 통해 '모방'이 미치는 영향에 대해 설명했다. 아이들에게 오뚜기처럼 아무리 넘어뜨려도 계속 일어나는 '보보인형'을 마구 때리고, 넘어뜨리는 어른의 모습이 보이는 영상을 보여주었는데, 한 집단에게는 어른이 칭찬받는 장면을 보여주고, 다른 집단에게는 혼나는 장면을 보여주었다. 그후, 아이들을 보보인형과 다른 장난감들이 있는 방에 놔두고 행동을 관찰했다.

그 결과, 아무런 영상을 보여주지 않은 아이들의 대부분은 보보인형보다 다른 장난감에 관심을 보이거나 보보인형에게 학대를 가하지 않았다. 그러나 영상을 보여준 두 집단의 아이들은 보보인형을 마구 때리고 넘어뜨리는 모습을 보였다. 특히 칭찬을 받는 모습을 본 집단의 아이들이 더 과한 폭력성을 보였다. 아이들은 다른 사람들의 행동을 관찰하고, 자신이 어떻게 행동할지에 대해 배운다. 이를 '관찰적 배움'이라고 하는데, 단지 보는 것만으로도 큰 효과를 준다는 의미이다.

상대의 태도를 바꾸는 것도 마찬가지다. 인간은 새로움보다는 익숙함에 더 끌리기 마련이다. 인간은 자주 보거나 흔히 접하다 보면 그것들에 익숙해진다. 익숙함은 사람을 상황에 따른 합리적인 판단이나 계산적인 행동을 할 수 없게 만들고, 단순히 본능에 의해 끌리게 한다. 지속적으로 영향을 주는 상대방의 행동은 고스란히 관찰자에게 전해진다.

전인격의 기초를 형성시키는 시기의 아이들은 부모나 주변 사람들의 행동을 보고 학습한다. 생활습관부터 말투, 예절, 배려 등 살아가면서 꼭 배워야 할 것들을 부모로부터 배운다. 부모가 하루 종일 TV를 보는 모습을 보이면 자녀도 하루 종일 TV를 봐도 좋다고 여긴다. 부모가 누군가를 헐뜯거나 아이가 울 때마다 질책하고, 소리를 지르면 자녀도 똑같이 또래친구들과 언쟁을 하고, 누군가를 헐뜯는다. 부모가 자녀에게 잘못을 했을 때, 숨기고 은폐하려 한다면 자녀 또한 그렇게 해도 좋다고 가르치는 꼴이다.

부모는 아이의 모델이다. 자녀의 행동에 문제가 있다면 부모는 우선 자신의 행동부터 세밀하게 관찰하고 반성할 필요가 있다. 자녀에게 말로만 '이거 해라, 저거 해라.' 하는 표현은 상대의 기분만 상하게 할 뿐, 그렇게 큰 효과를 보지 못한다. 인간은 자주 보고 들은 익숙한 상황에 맞는 행동을 하려고 한다. 부모가 아이에게는 '하지 마'라고 명령하면서 정작 부모 자신은 그런 행동을 하고 있다면 이보다 더한 모순이 어디 있겠는가. 자녀의 입장에서도 받아들이기가 혼란스럽고, 자신만 그렇게 해야 된다는 것에 불만을 가지게 된다.

그러므로 자녀가 공부하기를 바란다면 부모가 먼저 책상에 앉아서 공부하는 모습을 보여야 한다. 자녀가 운동하기를 바란다면 부모가 운동하는 모습을 꾸준히 보여주어야 한다. 자녀가 일찍 잠자리에 들기를 바란다면, 부모가 먼저 불을 끄고 잠자리에 드는 모습을 보여주어야 한다. 부모가 그렇게 하는 모습을 본 적이 없는 아이는 익숙하지 않은 행동을 강요받게 되고, 바꾸려 하기보다 오히려 거부 반응을 보이는 것도 그런 이유에서다.

그러나 익숙함을 심어주는 데에는 꼭 부모의 모습만 통하는 것은 아니다. 직장을 다니거나 생계를 위해 주로 밖에서 시간을 보내는 부모들은 자녀에게 이러한 모습을 보여줄 기회가 거의 없다. 이런 상황의 부모라면 주어진 상황에 맞게 자녀에게 사진이나 영상 등을 활용해서 그 행동을 익숙하게 만들어주는 것도 좋은 방법 중 하나이다. 부모가 직접 행동을 보여주는 것보다는 효과는 덜 하지만, 아무런 노력을 하지 않는 것보다는 좋은 결과를 가져다 줄 것이다.

참고문헌

· 김범준 지음, 《모든 관계는 말투에서 시작된다》, 위즈덤하우스, 2017
· 나이토 요시히토 지음, 김한나 옮김, 《말투 하나 바꿨을 뿐인데》, 유노북스, 2017
· 오수향 지음, 《황금말투》, 미래의 창, 2017
· 이상헌 지음, 《흥하는 말씨 망하는 말투》, 현문미디어, 2011
· 황창연 지음, 《왜 우리는 통하지 않을까?》, 바오로딸, 2015
· 도다 구미 지음, 이와이 도시노리 감수, 이정환 옮김, 《아들러식 대화법》, 나무생각, 2015
· 나이토 요시히토 지음, 이소담 옮김, 《궁극의 독심술》, 아라크네, 2018
· 김옥림 지음, 《너, 무슨 말을 그렇게 해?》, 팬덤북스, 2017
· 사토 도미오 지음, 김정환 옮김, 《내뱉고 후회하는 말버릇 바꾸기》, 나라원, 2015
· 최찬훈 지음, 《밀턴 에릭슨의 우회 대화법》, 유노북스, 2016
· 나카노 히로미 지음, 강성욱 옮김, 《내 인생이 바뀐 호감가는 말투 미움받는 말투》, 경성라인, 2008
· 사이토 다카시 지음, 양수현 옮김, 《사소한 말 한마디의 힘》, 걷는나무, 2016
· 최찬훈 지음, 《관계대화》, 유노북스, 2015
· 샘 혼 지음, 이상원 옮김, 《적을 만들지 않는 대화법》, 갈매나무, 2015
· 이서정 지음, 《이기는 대화》, 머니플러스, 2013
· 가나이 히데유키 지음, 은영미 옮김, 《대화가 막힘없이 이어지는 33가지 포인트》, 나라원, 2010
· 박진영 지음, 《결정적 말실수》, 라의 눈, 2017
· 하코다 타다아키 지음, 안양동 옮김, 《잘 먹히는 공감실전 화술》, 리텍콘텐츠, 2015
· 김윤나 지음, 《말그릇》, 카시오페아, 2017
· 육문희 지음, 《지성인의 언어》, 트러스트북스, 2017
· 김영돈 지음, 《말주변이 없어도 대화 잘하는 법》, 다연, 2016
· 고코로야 진노스케 지음, 김한나 옮김, 《나한테 왜 그래요?》, 유노북스, 2017

· 김현아 지음, 《사람을 얻는 대화》, 레몬북스, 2016
· 박대령 지음, 《사람의 마음을 얻는 심리 대화법》, 대림북스, 2016
· 마셜B. 로젠버그 지음, 캐서린 한 옮김, 《비폭력 대화》, 한국NVC센터, 2017
· 임철웅 지음, 《마음을 훔치는 대화법: 실천편》, 42미디어콘텐츠, 2016
· 사사키 케이이치 지음, 황선종 옮김, 《인생이 바뀌는 말습관》, 한국경제신문, 2017
· 박용후 지음, 《관점을 디자인하라》, 쌤앤파커스, 2018
· 이기주 지음, 《언어의 온도》, 말글터, 2016
· 가미오카 신지 지음, 홍영의 옮김, 《호감 대화법》, 나래북, 2014
· 잭 웰치 지음, 강석진 감수, 이동현 옮김, 《끝없는 도전과 용기》, 청림출판, 2001
· 알프레드 아들러 지음, 홍혜경 옮김, 《아들러의 인간이해》, 을유문화사, 2016
· 스탠비첨 지음, 차백만 옮김, 《엘리트 마인드》, 비즈페이퍼, 2017
· 조신영 · 박현찬 지음, 《경청》, 위즈덤하우스, 2007
· 이인권 지음, 《긍정으로 성공하라》, 푸른영토, 2017
· 제리 코너 · 리 시어즈 지음, 박슬라 옮김, 《회사형 인간》, 웅진윙스, 2006
· 아론 라자르 지음, 김 호 감수, 윤창현 옮김, 《사과 솔루션》, 지안출판사, 2009
· 너새니얼 브랜든 지음, 김세진 옮김, 《자존감의 여섯 기둥》, 교양인, 2015

그 외

· Maile, C.A., 1977. The apparent lack of self-esteem and persuasibility relationships. Journal of Psychology, 96, 123-130